Meinen ehemaligen Nachbarn

Barbara und Erich
alles Gute und
gute Gesundheit !!!
 ,,,

Skipper  Dicka

Ueberau, 29.03.1,

Das bin ich: Micha Kempf,

geboren und aufgewachsen in Groß-Gerau, also eigentlich eine Landratte mit keinem wirklich geografischen Bezug zum Wassersport.

Dennoch kam ich irgendwann zum Segeln und das Thema nahm mich derart gefangen, sodass der Wunsch nach einer eigenen Yacht stetig wuchs und 2017 in Erfüllung ging.

Alleine erleben ist zwar schön, jedoch meine Mitmenschen daran teilhaben zu lassen, fand ich wichtiger. Deshalb wandelte ich das Logbuch der Segelyacht BEFANA in ein literarisches Buch um.

Der Inhalt beschreibt den Erwerb des Bootes und die erste große Reise mit Freunden um halb Europa.

Ehrlich, unverblümt, direkt und spannend bis zur letzten Seite. Man möge mir meine Schreibweise verzeihen.

Viel Spaß wünscht Skipper Micha

*„Wer an der Küste bleibt,
kann keine neuen Ozeane entdecken."*

Ferdinand Magellan (1480 – 1521), eigentlich Fernando de Magallanes, portugiesischer Seefahrer und Namensgeber der Magellanstraße

Micha Kempf

Die BEFANA
will Meer

„Wo kann man denn im Odenwald segeln?"

© 2019 Micha Kempf

Umschlag und Design: Micha Kempf
Korrektorat: Barbara Kempf

Verlag und Druck: tredition GmbH, Hamburg

Folgende Ausgaben des Werkes sind verfügbar:

978-3-7482-1484-7   (Paperback)
978-3-7482-1485-4   (Hardcover)
978-3-7482-1486-1   (E-Book)

Das Werk, einschließlich seiner Teile, ist urheberrechtlich geschützt. Jede Verwertung ist ohne Zustimmung des Verlages und des Autors unzulässig. Dies gilt insbesondere für elektronische oder sonstige Vervielfältigung, Übersetzung, Verbreitung und öffentliche Zugänglichmachung.

Inhaltsverzeichnis

Prolog	7
Gedanken… die Segelei an sich	11
Die Suche nach dem „richtigen" Schiff	20
TWO TO TANGO	30
Die BEFANA	38
April – die letzten Tage in Holland	48
Staande Mastroute	59
Aufs Meer hinaus	68
Cross the Chanel	76

Frankreich, Spanien und der Fluch Der Biskaya	113
La Coruna bis Lissabon	133
Auf dem Weg ins Mittelmeer	159
Es wird wärmer	173
Spaniens Ostküste	193
Auf den Balearen	200
Die letzte Etappe	209
Wir sind fast am Ziel	223
Herbst auf Elba	234
Epilog	248

Prolog

Jetzt sitzen wir im Auto. Barbara und ich sind auf dem Weg nach Holland. Mir geht alles Mögliche durch den Kopf. Filme laufen ab, wie das war, als ich noch regelmäßig jeden Morgen in meinen Laden nach Mannheim gefahren bin. Mit dem Tagesziel ein paar gute Aufträge abzuschließen. Immer ordentlich gekleidet mit sauberen Lederschuhen, Jeans, Hemd und sogar meistens einem Jackett. Ich denke an mein damaliges Haus, an mein Auto und meine Familie. In den Filmen kommen auch immer mal wieder alte Kunden vorbei, ehemalige Freunde und Situationen, an die man sich halt so erinnert. Dabei wird mir innerlich kalt und warm im Wechsel. Meine Gefühle laufen Amok.

Ich denke darüber nach, wie es wohl ist, ein eigenes Schiff zu besitzen. Bleibe ich damit am Ijsselmeer, bringe ich es nach Deutschland an die Nord- oder Ostsee? Nein – definitiv NEIN! Wenn ich schon ein Schiff habe, dann will ich auch möglichst lange im Jahr segeln. Blauwassersegeln im Süden ist das Ziel, nicht dieses Grauwasser der Nordsee oder gar das Wasser im Ijsselmeer, das im Sommer von der Farbe her mehr an Erbsensuppe erinnert, aber nach alter Fischsuppe riecht. Und diese Myriaden von winzigen Ijsselmeerfliegen, die das ganze Schiff innerhalb kürzester Zeit kontaminieren, braucht auch kein Mensch.

Gerade macht sich ein wohliges Glücksgefühl in mir breit. Ein Gefühl, das ich lange nicht mehr so intensiv gespürt habe. Hat mich Barbara gerade was gefragt? Keine Ahnung. Die Gedanken haben meinen Gehörgang blockiert, aber ich frage anstandshalber mal nach:
„Schatz, hast Du was gesagt? Ich hab gerade nicht zugehört."
„Ja, ich hab Hunger und Durst. Gibst Du mir bitte eins von den Broten? Und können wir uns ´nen Kaffee an der nächsten Raststätte holen? Außerdem muss ich pinkeln", kommt als Antwort.

Das Navigationsgerät zeigt uns die Ankunftszeit in Makkum/Holland an. 16.10 Uhr steht da, wenn kein Stau mehr dazwischen kommt. Es ist Samstag, der 08. April 2017 um 11.34 Uhr. Kühl ist es draußen, aber die Sonne scheint. Gutes Reisewetter und wir haben uns ein paar Brote belegt, dass wir auf der Fahr nicht verhungern. Den Kaffee an der Autobahn-Tankstelle haben wir uns gerade geholt, für 3,95 Euro pro großen Becher. Die haben ja nicht alle Tassen im Schrank. Hätte mir einer vor der Euroumstellung gesagt, dass er für ´nen Kaffee knapp 7,80 DM bekommt, hätte ich ihn wegen Wucher angezeigt. Die DM gibt´s aber leider nicht mehr und so beißen wir halt in den sauren Apfel und bezahlen. Schmecken tut die Plörre nicht.

Naja, Barbara und ich sitzen im Auto auf dem Weg nach Makkum. Das liegt am nördlichen Rand des Ijsselmeers. Ich bin heute wahrscheinlich viel mehr aufgeregt als meine

Süße, denn wenn uns diese rote Bavaria 44 dort bei dem Makler gefällt, unterschreiben wir morgen den Vorvertrag. Ja, wir kaufen eine gebrauchte, aber top gepflegte Yacht. Das ist der Plan. Wer hätte das vor ein paar Jahren gedacht, dass es soweit kommt. Unser eigenes Schiff.

In Workum, bei Mechteld´s „La dolce Frisia" haben wir uns ein Zimmer reserviert. Abends gehen wir im Ort ´ne Kleinigkeit essen und ich kann anschließend die ganze Nacht nicht richtig schlafen. Alpträume von der Überführung unserer zukünftigen Yacht ins Mittelmeer. Diese knapp 6000 Kilometer lange Tour mit Strömungen, Gezeiten, Atlantik und so weiter. Krieg ich das hin? Trau ich mir das zu? Oder lasse ich die Yacht mit dem Schwertransport nach Südfrankreich bringen?

Im Schlaf rechne ich endlos lange Tabellen und zeichne Sinuskurven und Grafiken mit Gezeiten, Stromstärken und Stromgeschwindigkeiten. Immer und immer wieder. Und ich komme dabei niemals an, wo ich ankommen will. Schweiß auf meiner Stirn. Hätte ich doch den Hochseeschein machen sollen?

Ach was! Braucht kein Mensch. Mit meiner Erfahrung bekomme ich das locker hin. Die ganzen „Scheinwelten" hier in Deutschland sind eh übertrieben und vollkommen überbewertet. Mehr Theorie als Praxis. Da hab ich, schon wegen meiner Vergangenheit, viel mehr Erfahrung sammeln können, als ein „Scheinsegler" jemals aus Büchern lernen kann. Yes, I can!

Am Sonntag, 09.04.2017 gegen 12.30 Uhr ist es dann soweit und wir unterschreiben den Vorvertrag unserer Yacht. Die schlaflosen Nächte gehen weiter.

Gedanken... Die Segelei an sich

Schon als Kind hatte ich den Hang zu Häfen, Schiffen und den Weltmeeren. Unzählige Bücher habe ich damals gelesen und was ich in den späten 90ern erst entdeckt habe: In meinem damaligen Schulatlas, einem Diercke Weltatlas von 1966 habe ich als 10jähriger mit einem Bleistift schon mögliche Routen über alle Weltmeere eingezeichnet. Meine erste virtuelle Weltumsegelung auf dem Papier.

Im Mai 2001, mit meinem dritten Segeltörn überhaupt, fing es dann erst richtig an. Klar, war ich vorher schon zweimal mit ein paar Kumpels segeln. Beide Male in der Türkei, 1995 und 1999 jeweils im Herbst. Das waren schon eindrucksvolle Erlebnisse. Die Welt vom Meer aus zu sehen, einsame Buchten und türkisfarbenes Wasser. Es ist dieser Moment wenn der Motor abgestellt und die Segel gesetzt werden. Das Schiff gleitet dann fast lautlos über das Wasser. Nur das Gurgeln der Wellen unter dem Rumpf und das Geräusch des Windes im Rigg. Das hatte für mich wirklich eine Art Abenteuercharakter. Den Sportbootführerschein Binnen und Küste für Motorboote besaß ich damals schon. Extra vor ein paar Jahren mal gemacht, um mich auf der Mecklenburgischen Seenplatte beim Hausbooturlaub nicht als Landratte oder Süßwasserkapitän zu outen.

Aber erst der dritte Törn, dieser im Mai 2001, hatte es geschafft mich zu infizieren. Segelvirus! Eine Krankheit, die hoch ansteckend ist und schier unheilbar. Die Inkubationszeit beträgt 1 bis 2 Tage, wenn nicht wenige Stunden.

Der Törn startete am 08. Mai in Portoferraio, auf der toskanischen Insel Elba, so erinnere ich mich und er führte in vielen Etappen, gegen den Uhrzeigersinn, rund um Korsika herum und schließlich wieder nach Elba zurück. Ungefähr 300 Seemeilen in 14 Tagen. Korsika hat mich dabei unheimlich fasziniert. Die verschiedenen Landschaften, wie hochalpine Berge auf der Westseite, flache Küsten mit kilometerlangen Sandstränden auf der Ostseite, die Hafeneinfahrt von Bonifacio und diese Stadt überhaupt. Das alles vom Meer aus. Korsika kam mir damals vor wie ein kleiner Kontinent für sich. Und wir haben diesen Mikrokontinent mit dem Segelboot umrundet. Ein unfassbarer Traum.

Das unglaubliche an diesem Segeltörn aber war, dass um Korsika herum kaum Touristenboote unterwegs waren, sondern überwiegend Eigner mit Ihren Privatyachten. Nicht diese Touris-Flotten wie in der Türkei mit hunderten von lauten und chaotischen Chartercrews. Und mit den Eignern kommt man auch eher mal ins Gespräch. In diesen 14 Tagen habe ich einige Menschen getroffen, deren Leben mir in dieser Form auch gefallen würde. Da sah ich auf der Westseite in einem Hafen, den ich heute mit Namen nicht mehr kenne, ein Ehepaar, das an seiner an Land stehenden Yacht das Unterwasserschiff mit Antifouling gestrichen hat. Er in Arbeitsklamotten bei knapp 30 Grad im Schatten, sie in einem leuchtend orangefarbenen Bikini, Kopftuch auf und mit toller Figur. Man sah ihnen an, dass ihnen die Arbeit Spaß machte. Dieses Bild bekam ich lange nicht aus dem Kopf und ich stellte mir vor, wie es sein könnte, wenn ich jetzt an deren Stelle wäre und mein eigenes Boot hier restauriere, um es für große Fahrt herzurichten. Die Träumerei begann und ließ mich mehrere Jahre nicht mehr los. Meine Gedanken drehten sich ab nun jeden verdammten Tag nur um dieses eine Thema. Leinen los und die Welt entdecken. Auf eigenem Kiel.

Nun, ich hatte ja kurz vorher einen Kaufvertag über einen Ofenladen in Mannheim unterschrieben. Für ziemlich viel Geld damals. Auch hatte ich ja die üblichen Statussymbole der Gesellschaft an der Backe. Familie mit 2 Kindern und Hund, ein Haus mit großem Grundstück, schickes Auto, usw. und meine Moral lehrte mich, dass ich alle Gedanken an ein Aussteigen ganz schnell wieder in die Schublade packe. Ganz hinten rein. Micha das macht man nicht. Und wovon willst Du leben?

Aber die Gedanken an ein Aussteigen kamen immer mal wieder hoch und ließen mich manchmal nächtelang nicht schlafen. Im Grunde könnte ich hier eigentlich alles stehen und liegen lassen, auf ein Segelboot gehen und hinaus in die Welt segeln. Die eher mäßig laufenden Geschäfte nach dem 11. September taten ihr Übriges dazu. An manchen Tagen hasste ich es regelrecht in meinen Laden zu fahren, mich mit Kunden, Mitarbeitern, Lieferanten und Bankern auseinander zu setzen. Ich wäre am liebsten vor dem eigentlichen Ziel wieder umgedreht und nach Hause gefahren, Tasche gepackt und ab die Post. Aber es gab auch viele gute Zeiten, gute Aufträge und nette Kunden, von denen einige sogar zu Freunden wurden. Das muss ich hier auch mal deutlich sagen. Mein Job machte natürlich auch Spaß, 30 Jahre lang.

Es muss wohl irgendwann im Spätherbst 2001 gewesen sein, als ich durch Zufall auf die Homepage von Siggi und Jürgen gestoßen bin. Ein Paar aus Norddeutschland auf Weltumsegelung. Gerade erst angefangen. *„Sodom und Gomorra"*, dachte ich. Haben die doch Ihre Jobs an den Nagel gehängt, ein gebrauchtes Segelboot gekauft und sind los. Sie 51, er 59 Jahre alt. Deren Schiff, die PETITPRINCE, ein ca. 38 Fuß Taiwan-Clipper mit 2 Masten und 2 Vorsegeln. Ein wunderschönes Schiff. Der Schreibstil von Siggi hat mir gefallen und die Geschichte hat mich gefangen genommen. Wow - Ich kann online und in Echtzeit bei einer Weltumsegelung dabei sein.

Man muss dazu sagen, dass das Internet im Gegensatz zu heute noch viel langsamer war. Wi-Fi gab es nicht an jeder Ecke und über das Handynetz war Internet teuer und umständlich. Der öffentliche Blog der beiden wurde zwar in regelmäßigen Abständen gepflegt, aber ich war manchmal schon recht ungeduldig, wenn mal 5 bis 6 Tage nichts Neues zu lesen war. Siggi und Jürgen mussten halt immer in irgendein Internet-Café gehen, um Wi-Fi zu haben und um ihre Beiträge hochzuladen. Ganze 6 Jahre verfolgte ich deren Blog. Jede Insel, jede Region, jedes Land, wo die beiden sich herum trieben, hatte ich mir auf der Landkarte angeschaut. Viele Fachbegriffe aus der Seemannssprache nachgeschlagen und Bücher über Weltumsegelungen verschlungen. Aus meinem Bücherregal tropfte mittlerweile Salzwasser. Homepages von anderen Weltumseglern, Wetter und Schiffstechnik habe ich durchstöbert und dadurch unheimlich viel über dieses Thema gelernt.

Ich war fest entschlossen. Der Segelschein muss her. Sportküstenschifferschein muss reichen. Den hab ich dann auch gemacht und darauffolgend wirklich jedes Jahr zwei bis drei Wochen Urlaub auf Charteryachten verbracht. Mit Familie oder mit Freunden. Kroatien, Griechenland, Italien, Frankreich und so weiter. Schließlich hab ich mich 2008 auf den Atlantik gewagt und habe einen One-Way-Törn auf den Kanaren organisiert. Einmal wollte ich Hochseeluft schnuppern. Von Lanzarote über Fuerteventura und Gran Canaria nach Teneriffa. *„Wenn ich jetzt nur noch Richtung Westen segle, bin ich in 3 Wochen in der Karibik",* so meine Gedanken. Ich merkte zu der Zeit deutlich, dass mich da etwas innerlich zerreißt. Die Sehnsucht nach dem Meer. Die Sehnsucht nach Freiheit und fremden Ländern. Aber meine damaligen Mitsegler haben mich mit Ihrer konservativen Einstellung derart nach unten gezogen, dass es kaum auszuhalten war.

Zwei Jahre vergingen seit dem Atlantiktörn, bis ich 2010 die Reißleine gezogen habe. Mein Leben brauchte Veränderung. Hätte ich damals an den alten Gewohnheiten festgehalten, wäre ich seelisch auf der Strecke geblieben. Und so habe ich mich dafür entschieden, mich von vielen materiellen Dingen zu trennen. Diese Entscheidung habe ich bis heute nicht bereut. Meine Familie hat das zu der Zeit nicht verstanden, aber sie haben es akzeptiert. Den Ofenladen habe ich aufgegeben und mir eine kleine Wohnung gesucht. Jetzt fühlte ich mich befreit und konnte mich mehr auf das Segeln konzentrieren.

Eindrucksvolle und interessante Törns habe ich seit dem erfahren. Das Ganze dann natürlich gegen eine gewisse Entlohnung und ich habe eine Saison für den Segelclub Elba als Skipper gearbeitet. Private und bezahlte Törns zu den schönsten Plätzen in Europa und in der Karibik. Keine Frage, das war meine Welt. Traumhafte Buchten, wunderschöne Häfen, Menschen aller Nationen, aller Glaubensrichtungen und aus allen sozialen Schichten, mit denen man sich über das Woher, wohin und warum unterhalten kann. Wetter, Technik, essen und trinken...

das waren die Gespräche in den Häfen. Themen wie Politik, Religion, Geld und Erfolg scheint es nicht zu geben, oder sie interessieren hier keinen. Doch, sie interessieren schon, aber es spricht keiner darüber, jedenfalls nicht oft. Es geht um das Leben und darum Zeit zu haben, um mehr nicht. Zeit ist, nach meiner jetzigen Einstellung, ab einem gewissen Alter viel wichtiger, als die fette Gehaltsabrechnung am Ende des Monats. Also was liegt da näher als: *„Ein eigenes Schiff muss her."*

Wie? Irgendwie...! Doch mit der eigenen Yacht, das sollte noch ein bisschen dauern...

Was ist eigentlich das faszinierende an der ganzen Segelei? Wir setzen uns beim Segeln immer mal wieder den Launen der Natur aus. Ob bei Starkwind, Regen oder Nebel. Wenn die Kälte unter die Kleidung zieht und uns erbärmlich frieren lässt. Auch die sommerliche Hitze, die uns zu schaffen macht, weil wir das Bimini (den Sonnenschutz) mal wieder nicht aufmachen können, da wir nämlich die Segelstellung dann nicht sehen können?

Nein, es ist die Freiheit auf dem Wasser, die wir lieben. Reisen wohin der Wind uns trägt und die Stille, wenn die Segel gesetzt sind und der Motor ausgemacht wird. Von großer Bedeutung ist auch unser Mikrokosmos auf dem Schiff. Wir sind im Großen und Ganzen unabhängig, können mit oder ohne Landstrom auskommen. Wir haben alle unsere Habseligkeiten mit an Bord. Essen, Trinken, Kleidung für gutes und für schlechtes Wetter. Bücher,

Radio, Handy, Computer, alles da. Und es sind die quirligen Häfen mit ihrem geschäftigen Treiben, die einsamen Buchten mit dem türkisfarbenen, glasklaren Wasser, es sind die romantischen Sonnenuntergänge. Die Farbenvielfalt, die unsere Natur zustande bringt, das Spiel der Delfine mit dem Bug unseres Bootes oder beim Ankern in einer Bucht in das erfrischende Wasser zu springen. Es sind die unzähligen Freunde, die man auf der ganzen Welt findet. Freunde, die alle die gleichen, gemeinsamen Interessen haben. Fahrtensegler sind eben alle gleich, egal welcher Nationalität sie angehören. Jeder spricht Dich irgendwann an:

„Woher kommst Du? Wo willst Du hin? Pass auf, da kommt Sturm in den nächsten Tagen! Wie hast Du dieses und jenes Problem bei deinem Schiff gelöst? Komm doch mal kurz rüber auf eins, zwei Bierchen...!"

Es sind die Herausforderungen, jeden Tag irgendein klitzekleines Problemchen zu lösen. Sei es die nicht funktionierende Lampe, das festsitzende Scharnier, eine klappernde Leine oder was auch immer. Die Herausforderungen diese kleinen Alltagsprobleme in den Griff zu bekommen, eine Lösung zu suchen und zu improvisieren, um mit den bescheidenen Mitteln die man an Bord hat, eines dieser kleinen Probleme zu beheben. Das macht einen am Ende eines Tages glücklich, auch wenn viele meiner Seglerkollegen behaupten: „Fahrtensegeln heißt sein Schiff an den schönsten Flecken dieser Erde zu reparieren". Na und? Ihr habt doch sonst nix zu tun!

Es muss zu früheren Zeiten schon ein erhabenes Gefühl gewesen sein, in einen fremden Hafen einzulaufen oder in eine unbekannte Bucht. Was erwartet uns dort? Gibt es einen freien Hafenplatz? Hält der Anker in dem Meeresgrund? Wie sind die Einheimischen in diesem Land? Freundlich, offen oder streitsüchtig und verschlossen?

Auch heute noch, im Zeitalter der modernen Navigation, mittels der kleinen elektronischen Helfer, wie Kartenplotter, GPS oder gar einem Smartphone, bleibt das Ganze immer noch ein Abenteuer. Und ich genieße den Augenblick, wenn das Schiff sicher vertäut ist und man den ersten Fuß auf fremden Boden setzt. Das fühlt sich großartig an. Und das Feedback meiner Mitsegler, die das oft ebenso empfinden, erfüllt mich mit Stolz und Freude. Nicht selten wird ein Segelneuling innerhalb kürzester Zeit ebenfalls vom Segelvirus infiziert. Beispiele dafür könnte ich genug nennen.

Vom Land aus mit dem Auto an eine Küste zu fahren hat sicher seinen Reiz, aber das Ganze von See her kommend zu entdecken, ist eine ganz andere Nummer.

Die Suche nach dem „richtigen" Schiff

Das Chartern der Schiffe für einen privaten Urlaub, oder auch eine organisierte Reise, ist aber auf Dauer ziemlich teuer und aufwändig. Erstens kostet eine Woche Charteryacht bei der Größe, wie diese für 5 bis 6 Mitsegler gebraucht wird, um die 2500 bis 3000 Euro. Zum Zweiten muss man schon recht früh im Jahr buchen, um noch ein vernünftiges Schiff zu bekommen. Oftmals steht aber die Urlaubsplanung der Crew noch nicht fest und man bleibt unter Umständen auf den Kosten des gemieteten Bootes sitzen. Das macht auf Dauer wirtschaftlich keinen Sinn und somit auch keinen Spaß mehr. Also war die Überlegung, wenn ich später mal einige Wochen auf einem eigenen Boot die Welt bereisen möchten, warum kaufen wir nicht jetzt schon eines? Das würde unabhängig von den Charterverträgen machen und wir könnten spontan entscheiden, einen Törn zu fahren oder es zu lassen. Wir sind auch nicht darauf angewiesen, das Schiff unbedingt „voll" zu bekommen, weil sich die Charterkosten nicht rechnen. Überlegungen hin und her und Kompromisse finden war die Herausforderung. So groß sollte die Yacht sein, dass wir mindestens 3 - 4 Leute mitnehmen können, aber auch so kompakt, dass man das Schiff zu zweit noch gut handhaben kann.

Die folgenden Jahre vergingen wie im Fluge. Eine neue Frau trat in mein Leben. Anfangs eine recht schwierige Zeit, da man erfahrungsgemäß zwei alleinlebende, selbstbewusste Personen ab einem gewissen Alter nicht mehr so ohne weiteres ändern kann. Jeder hat seine Meinung, seinen eigenen Kopf und seine Vergangenheit. Weil aber unsere gemeinsamen Interessen durchaus zu weit über 80 Prozent äquivalent schienen, haben wir uns schließlich zusammengerauft, auch wenn das Wort Kompromiss in unser beider Wortschatz selten vorkommt. Gemeinsame Interessen, wie Kachelöfen, Wandheizungen, Kochen, Wohnraum- und Gartengestaltung und natürlich backen im Steinbackofen waren nur einige davon. Und natürlich Segeln. Auch wenn ich Barbara anfangs immer mal wieder im Spaß als „Iwweroer rothoarisch Hex" bezeichnete, wir vertragen und lieben uns. Jetzt muss ich noch dazu sagen, dass ich bedingungsloser Italien-Fan bin und aus der Hexe wurde schließlich der Italienische Name „BEFANA", die gute Hexe, die am Dreikönigstag in Italien Geschenke für die Kinder bringt.

Der Name für unser etwaiges Schiff war also schon mal beschlossene Sache, BEFANA. Jetzt brauchten wir nur noch die passende Yacht dazu. Aber auch da gingen unsere Meinungen und Vorstellungen schon manchmal ziemlich weit auseinander - verständlich. Durch die vielen

Bücher und Internetseiten, die ich gelesen hatte, entwickelte sich in meinem Kopf ein bestimmtes Profil, wie meine Yacht aussehen soll. Stahlrumpf, 38 Fuß (ca. 12 Meter) Länge, ausgestattet für Langfahrt,

Kutterstag (2 Vorsegel), Langkieler, usw. Bis zu 20 Jahre alt und relativ preiswert sollte sie sein. Der strukturelle Zustand sollte in Ordnung sein. Was den Innenausbau, der Pflegezustand und die Technik betraf, war ich eher flexibel. Kann ich doch dank meinem technischen Verständnis mit Schraubenzieher und sonstigem Werkzeug umgehen. Elektronische Schaltpläne, Be- und Entwässerung oder auch Holz- und Metallbearbeitung kriege ich hin. Was ich nicht weiß, erfrage ich mir, ausführen kann ich es selbst.

Barbara jedoch wollte keine Yacht mit nur 12 Metern Länge. Schon alleine wegen des Wohnkomforts. Sie wollte auch keine Yacht, bei der man erst mal alles entkernen muss, um sie dann wieder nach eigenen Wünschen aufzubauen. Sie fragte: *„Für was brauchen wir einen Langkieler, ein Kutterstag oder so ein Zeug...?"* Aber alle Erklärungen oder Darstellungen halfen nichts. Barbaras Vorstellungen wichen also schon ziemlich von meinen ab. Und so kam es, dass wir fast 6 Jahre durch halb Europa gereist sind, um „unser" gemeinsames Baby zu finden.

Jetzt kostet ein gebrauchtes Segelboot, das in unsere Vorstellungen passt, etwas mehr als ein neuer Mittelklassewagen, aber auch weniger als ein gebrauchtes

Haus oder 'ne Eigentumswohnung. Bei einer Haussuche fährt man mal nach Darmstadt, nach Groß-Gerau, oder nach Groß-Umstadt,... alles keine 30 km von zu Hause weg. Man könnte, wenn man wollte, also 3 bis 4 Wohnungsbesichtigungen pro Tag realisieren. Aber bei der Suche nach dem richtigen Schiff muss man ans Meer. In den 6 Jahren fuhren oder flogen wir mindestens zwölfmal nach Holland, dreimal nach Kroatien/Slowenien, zweimal nach Italien und einmal nach Spanien und Mallorca. Jedes Mal Besichtigungstermine vereinbaren, Flug und Hotelzimmer buchen oder mit dem Auto 1000 km hin und 1000 wieder zurück. Maximal 2 Schiffe kann man an so einem Wochenende besichtigen. Also alles nicht so einfach. Und was einem da alles angeboten wird, haut einem schier aus den Socken.

In Holland war ich zig Mal bei einem der größten Makler dort. An mindestens 4 - 5 verschiedenen Standorten. Hindeloopen, Monnickendam, Sint Annaland und Sneek, um nur einigen zu nennen. Alle sind so weit voneinander entfernt, dass man nicht mal von dem einen Büro zum nächsten fahren kann, ohne 2 Stunden im Auto zu verbringen. Die Verkäufer dort sind Profis. Geschultes Personal mit allen Wassern gewaschen. Passt man bei dem Verkaufsgespräch nicht höllisch auf, läuft man schließlich Gefahr, etwas zu kaufen, was man eigentlich so nicht will. Die verkaufen einem Blinden ein Bilderbuch und haben dabei nicht mal ein schlechtes Gewissen.

Wenn man durch die Reihen der angebotenen Schiffe läuft, trifft einen die Realität schon ziemlich hart. Da gibt es Yachten, die schon 2 Weltumsegelungen hinter sich haben, dem Eigner ist augenscheinlich das Geld ausgegangen und der Kahn sieht aus, als wäre er schon dreimal durchgekentert. Innen riecht es muffig nach Feuchtigkeit und Schimmel, das gesamte Equipment ist total veraltet oder ungepflegt. Technisch „verbastelt", Wasser in der Bilge, der Motor verölt und schlecht gewartet, oder er hat schon 6000 Betriebsstunden auf dem Buckel. Und da wollen die tatsächlich noch 80 Tsd. Euro dafür haben. Träumer, denke ich so bei mir und es frustriet mich immer mehr, nicht auf das Schnäppchen zu treffen, das ich mir vorgestellt habe.

Abgenutzte und kaputte Segel, beschädigte Riggs, undichte Luken, komplett von der Unterkonstruktion abgelöste Laufecks, was auf strukturelle, statische Probleme hindeutet, waren nur einige von den entdeckten Mängeln, die mir bei den Besichtigungen spontan aufgefallen sind. In die Tiefe wollte ich da gar nicht mehr gehen. Ein Gutachten kostet so um die 1500 Euro. Rausgeschmissenes Geld, wenn man schon beim kurzen Überblick den katastrophalen Zustand erkennt. In den meisten Schiffen, die ich mir angeschaut hatte, stank es wie in einem feuchten Keller. Da wollte ich nicht wohnen, nicht für Geld und gute Worte.

An die eine Yacht, ganz am Anfang meiner Suche, erinnere ich mich noch sehr genau und an das Wochenende im Herbst 2012. Eine Feltz II Stahlyacht, 38 Fuß lang, aus deutschem Werft-Bau in Hamburg. Eigentlich ein solides Schiff für eine Langfahrt, genauso eins wie Michael und Nathalie zu dieser Zeit hatten, die IRON LADY. Und sind die beiden nicht annähernd 7 Jahre damit auf Weltumsegelung gewesen? Ich schaue es mir mal an. Die Bilder im Internet waren vielversprechend. Klar muss ein wenig was dran gemacht werden, aber die Ausstattungsliste liest sich gut und der Zustand des gebrauchten Schiffes wird von dem besagten Broker mit „gepflegt" angegeben. Preisvorstellung: 84.000 Euro.

Bobby Schenk, ein älterer, sehr erfahrener Segler, was Langfahrten und Weltumsegelungen angeht und der den Gebrauchtmarkt sicher gut kennt, schreibt auf seiner Homepage, dass die Preise der Angebote meistens Wunschpreise sind. So sehe ich das bei dem überfüllten Markt ja auch. Na da kann ich ja dann mal verhandeln gehen...

Ich vereinbare einen Termin mit dem Broker für Sonntag 12.00 Uhr in Monnickendam. Fahre samstags mittags gut gelaunt 500 km nach Holland, übernachte in einem Hotel und gehe sonntags nach dem Frühstück Schiffe gucken. Gegen 12.00 Uhr melde ich mich wie vereinbart im Büro des Brokers und bitte um Besichtigung der CHIZZO. So hieß diese Schiff damals. Er überreicht mir die Schlüssel und ich gehe zum Steg des Verkoophavens. Als ich hinter der CHIZZO stehe, kommt ein älteres deutsches Ehepaar auf den Steg, das sich wohl auch für dieses Schiff interessiert. Gemeinsam gehen wir an Bord und schauen mal nach, was da so geboten wird. Wir beide stellen fest, dass die Bilder im Internet schon älter sein müssen. Rost an mehreren Stellen des Rumpfes und im Cockpit zeugen wohl von einer längeren Liegezeit hier im Hafen. Rostspuren an den Durchlässen der Süllkante, modriger Geruch im Inneren des Schiffes und bei genauem Hinsehen stellen wir fest, dass die Polster im Salon schon ziemlich vom Schimmel befallen sind. Die elektronischen Navigationsinstrumente sind auf einem Stand von vor 15 Jahren, also technisch auch längst überholt.

Ich unterhalte mich kurz mit dem netten Herrn des Interessentenehepaares und wir meinen beide, dass wir hierfür nicht über 45.000 Euro bezahlen würden, auch wenn man die ganzen Mängel, die wir bis jetzt entdeckt haben, ja beheben könnte. 84.000 Euro sind definitiv zu viel. Bevor wir aber zurück ins Büro gehen, werfen wir noch einen Blick in die Bilge. Das ist der tiefste Punkt in einem Boot, wo sich eindringende Flüssigkeiten sammeln können und von wo aus diese mit der so genannten Bilgepumpe wieder nach draußen befördert werden. Auch befinden sich in den meisten Bilgen die 8 bis 12 dicken Kielbolzen mit den Muttern, die den Kiel unter dem Boot fixieren. Dimension der Gewinde = M 33, Schlüsselweite für die Mutter SW 50 wenn mich nicht alles täuscht. Aber von den 12 Kielbolzen mit Muttern ist nix zu sehen. Die ganze Bilge steht mindestens 30 cm hoch mit rostiger Brühe voll. Rechnet man das auf die Schiffsgröße um, kommt man auf eine Wassermenge von geschätzten 300 Litern, die sich da unten befinden müssen. Auf die Geschmacksprobe, ob das Süß- oder Salzwasser ist, verzichten wir beide. Ich taste den Boden ab und fühle die Kielbolzen, von denen nur noch ca. die Hälfte da ist. Der Rest? Wegoxidiert! Ebenso die Seeventile der Toilette und des Spülbeckens, was ich so fühlen kann. Aha, deshalb dringt da auch Wasser ein. Und die Stahlplatten des Rumpfes sind innen schon doppelt so dick aufgequollen, wie sie ursprünglich mal waren. Da muss die Werft ran und das wird teuer. In den Tagen danach telefoniere ich mit der Feltz-Werft in Hamburg und beschreibe die Mängel, um die Reparaturkosten zu erfragen. Der freundliche Herr am anderen Ende der Leitung fragt mich doch tatsächlich, ob ich von der CHIZZO rede. Ich muss grinsen, als er spontan sagt, dass die Reparaturkosten mit ca. 38.000 Euro den Schrottwert dieses Stahlklumpens übersteigen. Der Broker in Holland meinte, dass mit weniger als 8000 Euro alles wieder wie neu zu machen sei. Er sollte das Schiff am besten selber kaufen… ist doch laut seiner Aussage ein Schnäppchen. Zufällig habe ich im Jahre 2018 (!) bei diesem gleichen Broker die CHIZZO gefunden. Die Bilder sind exakt dieselben von damals, nur mit dem Hinweis: „verkauft!" Schade, dass ich nicht weiß, für wie viel Geld der Kahn über die Theke gegangen ist.

Mehr als einmal fuhren wir frustriert wieder nach Hause, und mehr als einmal habe ich einem Makler hinterher per Mail meine Meinung gegeigt, weil wir für ein Wochenende wieder mal 800 oder 1000 Euro ausgegeben hatten, um ein Boot zu besichtigen, das eigentlich nur noch verschrottet werden will. Die haben sie ja nicht alle. Selbst dreißigtausend hätten wir dafür nicht bezahlt und die stellen sich das Dreifache vor...

...da ich in den Jahren von 2011 bis 2017 jede Menge Segeltörns auf Vereins- und Charteryachten gefahren bin, habe ich in der Zeit mehr als 10.000 Seemeilen sammeln können. Eine Erfahrung, die mir keiner mehr nehmen kann. Sowohl was die Segel-Reviere angeht, als auch die Schiffe, deren Handling und deren Zustand. Also wandelte sich meine Meinung in dieser Zeit und ich orientierte mich um. Warum sollte eine Yacht aus deutschem oder französischem Serienwerftbau schlechter sein? Müssen die doch allerhand aushalten im täglichen Charterbetrieb. Ich kroch manches Mal in die hintersten Winkel so einer gecharterten GFK Yacht und begutachtete die Verarbeitung dort. Das war ja grundsätzlich fast alles solide gemacht. Aber die Innenaufteilung war üblicherweise auf viele Mitsegler ausgelegt und das technische Equipment eher bescheiden. Die Motoren hatten durch die Bank alle viel zu viele Betriebsstunden und nur bei wenigen Vercharterern werden die Boote richtig gut gepflegt und gewartet. Bei den meiste zählt: Viele Wochen vermieten, wenig investieren und nach 10 bis 15 Jahren auf den Gebrauchtmarkt. Ein Dummer wird sich schon finden. Entsorgung kostet viel zu viel. Weil - bis so ein Joghurtbecher in den gelben Sack passt, gehen schon einige hundert Trennscheiben und auch Arbeitsstunden drauf.

Irgendwie hab ich das Gefühl, dass mir die Zeit davon läuft. War der Traum vom Langzeit-Fahrtensegeln schon geplatzt?

TWO TO TANGO

Zu Beginn meiner Suche nach dem richtigen Schiff war ich fest davon überzeugt, dass es auf keinen Fall eine GFK-Yacht sein soll. Das ist viel zu unstabil, sollte man mal nachts auf einen schlafenden Wal treffen, auf einen treibenden Container oder gar eine Kollision mit einem Korallenkopf haben. Niemals eine Bavaria Serienproduktion, weil man immer mal wieder hört, dass diese schlecht verarbeitet seien. Die haben in den späten 90ern schon mal 'nen Kiel verloren und sind anschließend gekentert. Weder ein blaues noch ein rotes Schiff, weil diese Farben so schnell in der mediterranen Sonne verblassen. Kein Teakdeck, denn das wird im Sommer extrem heiß. Nicht gut zum barfuß Laufen und schon gar nicht gut für die Innentemperatur im Schiff. Kein Rollgroßsegel, denn das konventionelle Groß ist in der Regel durchgelattet und steht auch bei leichtem Wind gut. Zudem lässt sich ein Lattengroß viel schneller reffen, also verkleinern, wenn die Windsituation es erfordert. Auch kein Schiff über 40 Fuß, denn alles was zu groß ist, kostet im Unterhalt gleich überproportional mehr. Hafengebühren, Instandhaltung, Wartung und Pflege, und so weiter.

Doch jetzt haben wir den Salat. Eine Bavaria 44, dunkelroter Rumpf, Teakdeck, Rollgroß. Und einen

Namen, bei dem man sich, sollte man ihn am Funkgerät buchstabieren müssen, die Zunge verrenkt. TWO TO TANGO! Trotzdem, das war Liebe auf den ersten Blick. Aber wie kam es dazu?

Im Frühjahr 2017, nach der Rückkehr von einem Chartertörn auf den Kanaren, nehme ich mir wieder mal meine Mails vor. Da entdecke ich bei dem Angebot eines Yachtbrokers zwei Bavaria 44 Custom-Line, Baujahr 2004 zu einem erschwinglichen Preis. Bavaria lieferte wohl seinerzeit den Rumpf und die Grundausstattung. Einige Händler rüsteten die Schiffe jedoch auf. Daraus entstand, wie ich recherchiert habe, die Serie Custom-Line. Eine Eigner Version mit verstärktem Rigg, hochwertiger Verarbeitung und einer Innenaufteilung speziell für Eigner. Mit großer Doppelkabine im Bug und so weiter. Ich hab mir dann mal verschiedene Angebote von diesem Modell rausgesucht und die Preise und die Ausstattungen verglichen. Viele waren da nicht auf dem Markt.

In Holland fand ich 2 dieser Custom-Line Yachten in unmittelbarer Nachbarschaft. Die wollte ich mir anschauen. Alle beiden in der Nähe von Sint Annaland. Das liegt in der Provinz Zeeland zwischen Rotterdam und Antwerpen.

Zwischenzeitlich ging noch ein Angebot, von genau diesem Bavaria-Modell, von einem Broker aus Makkum bei mir ein. Makkum wiederum liegt am nördlichen Ufer des Ijsselmeeres etwa 200 Kilometer weit weg von Sint

Annaland. Das Schiff war dunkelrot. Eigentlich nicht meine Farbe, aber die Bilder im Netz, die Ausstattung und die sehr geringen Motorstunden, gerade mal knapp 400, machten mich neugierig. Ich rief an und vereinbarte einen Termin für sonntagvormittags, und zwar an dem Wochenende, als ich auch in Sint Annaland war.

Makkum kannte ich aus den Jahren zuvor und wusste genau wo ich hinfahren musste. Ich buchte mir ein Zimmer bei Mechteld in Workum und wollte also am übernächsten Wochenende da hin. Mechteld kenne ich auch schon und Ihre kleine Pension namens „La dolce Frisia". Sie und ihr Mann Robert haben sich da einen Traum erfüllt und dieses uralte aber durchaus sympathische Kleinod gekauft. Ein wunderschöner Bauernhof mit einem etwas moderneren Nebengebäude, in dem die beiden selbst wohnen, mit Hühnern, die frei rumlaufen und für das Frühstücksei am Morgen verantwortlich sind.

Leider stand das rote Schiff in Makkum zu dieser Zeit noch unzugänglich im Winterlager in einer Halle und so konnte ich es nicht wirklich besichtigen. Aber ich machte trotzdem den Termin. Schließlich wollte ich einiges an Informationen zu dem Boot haben. Der Makler war kooperativ und schwärmte regelrecht von dieser Yacht, deren Zustand und Ausstattung. Er versprach mir bis übernächste Woche, Ende März, sei das Schiff im Wasser, der Mast wäre dann auch wieder drauf und wir könnten zur Besichtigung kommen. Na da kann meine Süße ja mitkommen. Wieder ein Zimmer in „La dolce Frisia" gebucht und ab nach Holland.

Die beiden Bavarias in Sint Annaland waren schon interessant. Vom Preis her und von der Ausstattung passten sie in unser Beuteschema. Klar gab es den einen oder anderen kleinen Mangel, aber im Großen und Ganzen waren die in Ordnung. Auch waren beide von der Aufteilung im Schiffsinneren ganz gut. Was meiner Frau allerdings nicht gefallen hat, war die Eignerkabine, weil das Doppelbett im Fußraum zu schmal erschien. Das Eigner Zimmer war durch die zusätzliche Stockbettkabine auf der Backbordseite, bis in den Bug der Yacht gebaut, wodurch sich eine Breite im Fußbereich des Bettes von weniger als 60 cm ergab. Bei der roten Bavaria in Makkum war das nicht der Fall. Die Stockbettkabine fehlte komplett und somit befand sich das Doppelbett dieser Version weiter hinten. Die Eignerkoje hat auf diesem Schiff eine durchgehende Breite von ca. 180 bis 210 cm. Außerdem mal ein Bett mit echtem Lattenrost und 2 nagelneuen Latex-Matratzen. Sehr komfortabel, was wir so aus dem Exposé entnehmen konnten.

Nach einem ausgiebigen Frühstück bei Mechteld machten wir uns auf den Weg nach Makkum. Der Makler war mit seinen selbstherrlichen Sprüchen schon sehr gewöhnungsbedürftig, aber dennoch gefiel uns das Schiff auf Anhieb sehr gut. Der rote Rumpf glänzte wie neu lackiert, am Mast drei Salingpaare und die Wanten hatten ganz andere Dimensionen, als auf den Charteryachten. Das Innere der Yacht sah aus, als wäre da fast nie jemand drinnen gewesen. Alle Polster und Matratzen hatten noch „Biss", waren also nicht so ausgesessen und platt gelegen, wie wir das in der Vergangenheit schon gesehen hatten. Der Motor hatte nur knapp 400 Betriebsstunden und die Maschine, ein solider Volvo-Penta mit 55 PS, sah aus wie neu. Kein Tropfen Öl, nirgends. Die Bilge war trocken und sauber. Die hat in ihrem ganzen Leben noch kein Wasser gesehen. Ich bin beeindruckt. Das Schiff ist topp gepflegt und auch wenn der Preis unsere Vorstellung etwas übersteigt, würden wir kein besseres Geschäft machen, als diese Yacht zu kaufen.

Barbara und ich waren uns relativ schnell einig, wenn da nicht irgendein versteckter Mangel zum Vorschein kommt, müssen wir zuschlagen, bevor es jemand anderer tut.

Zwar entsprach das Boot nicht meinen ursprünglichen Vorstellungen von einer Fahrtenyacht für Langfahrt. Roter Rumpf, Teakdeck, Rollgroßsegel würden sich im Laufe der Zeit sicher als Nachteil erweisen, aber was soll´s. Ich bin ja kompromissfähig. Und ich kann unter gewissen Umständen auch mit diesen kleinen Dingen leben, weil eben der Rest perfekt war. Man müsste sicher nicht viel machen, vor dem eigentlichen „in See stechen". Dieses Schiff war sofort einsatzbereit. Alles andere, was zur

Langfahrt gebraucht wird, wie Windgenerator, AIS und so weiter kann man ja im Laufe der Zeit nachrüsten.

Wir nahmen das Exposé mit nach Hause und verglichen ausgiebig mit anderen Angeboten. Unser Fazit jedoch: *„es gibt nicht wirklich eine Alternative zu der TWO TO TANGO."* So hieß unser Objekt der Begierde. Na den Namen kann man ja ändern. Man muss allerdings dazu sagen, dass so manche Seeleute massivst davon abraten einen Schiffsnamen zu ändern. Das würde Unglück bringen. Und Schiffsnamen mit einem „A" am Ende würden auch Unglück bringen. Ich bin doch nicht abergläubisch. Der Name wird geändert und der neue Name wird BEFANA sein. Zwei Faktoren, die angeblich Unglück bringen, heben sich schließlich wieder auf. Hab ich, glaube ich, in der Schule so gelernt. Die Titanic ist auch gesunken. Kein „A" am Ende und den Namen nicht geändert. Und was ist mit den ganzen AIDAs? Schwimmen auch noch. Aber ein Aberglaube bleibt dennoch. Niemals würde ich an einem Freitag auslaufen zu einem größeren Törn.

Nun – die Sache ist von unserer Seite aus beschlossen. Wir vereinbaren einen erneuten Termin mit dem Makler und wollen einen Vorvertrag unterzeichnen, damit wir einen Gutachter beauftragen können. Den haben wir auch schon ausfindig gemacht. Ein etwas kurioser Typ, der anscheinend bei Yachtmaklern nicht so beliebt zu sein scheint. Hundetrainer ist er auch noch. Barbara würde seinen kleinen Labrador, gerade mal 12 Wochen alt, gerne mitnehmen. Das ist genau unser Mann. Wir beauftragen ihn und wollen uns in drei Wochen beim Makler am Steg treffen, um die TWO TO TANGO auf Herz und Nieren zu untersuchen.

Als ich um 11.00 Uhr an dem vereinbarten Tag dort eintreffe, kniet der Sachverständige auf dem Deck und klopft mit einem kleinen Hämmerchen jedes einzelne Brett des Teak-Belages ab. Er war zu diesem Zeitpunkt schon in jedem Winkel des Schiffes und hat alles genau dokumentiert. Über 300 Bilder gemacht und im Großen und Ganzen nichts Nennenswertes feststellen können. Da ein abgesprungener Schlauch, dort ein fehlender Druckknopf, Die Abwasserschläuche der Toiletten nicht als Schwanenhals verlegt und der Entlüftungsschlauch des Dieseltanks aus dem falschen Material. Hier und da abgelaufene Rettungsmittel und die Gasanlage muss gewartet werden. Der größte Mangel, den er findet, ist das Gleitringlager des Ruderblattes. Die Dichtung ist im Lauf der Zeit wegoxidiert und bei entsprechender Welle könnte von außen Wasser ins Schiff gelangen. Die Werft, die uns das Schiff für das Gutachten aus dem Wasser gehoben hat, schätzt den Aufwand auf ca. 1800 Euro. Das wäre zumindest ein Betrag, der bei den Preisverhandlungen eine Rolle spielen könnte. Aber sonst auch wirklich nichts. Der Gutachter meinte flüsternd zu mir, dass wir dieses Schiff für diesen Preis kaufen sollten, bevor es jemand anderes macht und was wir innerlich eigentlich schon entschieden haben, machen wir jetzt fest. Wir unterschreiben nach einer kurzen Beratung und die TWO TO TANGO gehört uns. Ein Traum geht in Erfüllung. Mein Traum.

Jetzt kauft man ein Schiff nicht gerade wie ein Auto. Es gibt keinen Fahrzeugbrief und keine amtlichen Eigner-Papiere. Das alles läuft normalerweise mehr oder weniger zwar vertraglich, aber immer auch auf einer Art Vertrauensbasis, ob denn auch die EU Steuer für das Schiff jemals bezahlt wurde. Wenn nämlich nicht, kann das im Ernstfall richtig teuer werden. Wir bekommen eine Kopie des ursprünglich originalen Kaufvertrages von dem ersten Eigner. Darauf ist die holländische Mehrwertsteuer ausgewiesen und nur diese Rechnungskopie dient als Nachweis. Jetzt muss das Schiff noch umgemeldet werden. Schließlich fuhr die TWO TO TANGO unter holländischer Flagge und die BEFANA soll ja nun ein deutsches Schiff werden.

Die BEFANA

Es grenzt schon etwas an seelischer Grausamkeit, wenn man eine Yacht gekauft hat, sie aber noch nicht benutzen kann, weil noch nicht alles offiziell ist. Aber ich übe mich in Geduld. Was haben wir denn da eigentlich erworben?

Ein Segelschiff, 13 Jahre alt, mit fast keinen Gebrauchsspuren, sehr gepflegt und mit wenigen Meilen im Kielwasser. Eine Bavaria 44 Custom Line, Länge 13,95, Breite 4,25, Tiefgang 1,95 cm. Masthöhe über Wasserlinie 18,95 Meter, ohne Funkantenne. Gesamthöhe mit der Funkantenne über 20 Meter. Eine großzügige Eignerkabine mit großem Doppelbett im Bug, eigene Nasszelle dabei mit WC und Dusche. 2 Doppel-Gästekabinen im Heck, mit je einer Liegefläche um die 1,70 x 2.10 Meter. Ein Gästebad mit Toilette und Duschmöglichkeit.

Ein großzügiger Salon mit roten Polstern, eine Pantry (Küche) mit Kühlschrank, Backofen und Herd, Doppelspüle und jede Menge Fächern und Schränken, um die alltäglichen Gebrauchsgegenstände und den Proviant zu verstauen. Außen ein großes Cockpit, in dem man mit 6 Personen noch bequem sitzen kann. Und natürlich komplettes Teakholz-Deck bis zum Bug. Wollte ich ja eigentlich nicht haben, sieht aber schon edel aus. Und absolut rutschfest ist es auch, sogar wenn es nass ist. Eine

Sprayhood ist drauf, natürlich in rot. Gut nur, dass der Voreigner keine roten Segel gekauft hat. Dieses Rot war wohl seine Lieblingsfarbe. Teller, Tassen, Bestecke, Vorratsdosen, ...alles bordeauxrot. Fußraumbeleuchtung im Schiffsinneren? Rot! Ich weiß ja nicht, zu welchem Zweck der Voreigner das Schiff betrieben hat, aber es könnte schon auch was Anrüchiges gewesen sein. Ein Bimini (schattenspendendes Dach) fehlt leider. Holländische Yachten haben sowas in der Regel nicht. Das ist aber im Mittelmeer-Sommer unverzichtbar, sonst brennt einem die Sonne das Hirn weg. Dafür gibt es 'ne Kuchenbude. Das ist wie eine Art Hauszelt, rundum geschlossen mit Fenstern und Durchgängen, sodass man vor Regen und Wind geschützt im Cockpit sitzen kann. Sowas holländisches halt. Farbe? Rot! Frischwassertank mit insgesamt 390 Litern Inhalt, Dieselkapazität für Jöns, unseren Volvo, von 210 Liter. Raymarine Navigationsinstrumente, UKW-Seefunkgerät, Hi-Fi-Anlage und Flachbildfernseher. Na, wer will schon fernsehen, wenn man an den traumhaftesten Plätzen dieser Welt ankert

Im Mai 2017 unterzeichnen wir also den endgültigen Kaufvertrag und das Schiff liegt zu dieser Zeit noch in Makkum, am Steg des Brokers. Bis es amtlich umgeschrieben ist und wir es dort abholen können, dauert es noch eine Weile. Für die Registrierung bei einem deutschen Amtsgericht müssen noch einige Unterlagen herbei. Registrieren kann man nur bei Amtsgerichten, die über einen „von Seeschiffen befahrbaren Hafen" haben, so die allgemeine Definition. Wir entscheiden uns für Wiesbaden, denn der ist der einzige „Seehafen" in Hessen, denn wir sind Hessen aus Überzeugung.

Vorher brauchen wir aber einen Schiffsmessbrief vom Bundesamt für Seeschifffahrt und Hydrographie, kurz BSH. Dazu benötigen die wiederum ein CE-Zeichen. Die Plakette, die dafür vorgeschrieben ist, so eine Art Typenschild, suche ich vergebens. Nach einem Telefonat mit der Werft in Giebelstadt bekommen wir eins zugeschickt und schrauben es ins Cockpit der BEFANA. CE-Zeichen haben wir also, da die Yacht in Deutschland und erst nach 1999 gebaut wurde. Fehlt nur noch die Frequenzzuteilungsurkunde von der Bundesnetzagentur. Also noch keinen Meter gesegelt und schon kassiert jeder mit. Ja – das wussten wir doch vorher schon und die Gebühren halten sich auch in Grenzen.

Nach ein paar Tagen erhalten wir vom Amtsgericht unser Schiffszertifikat und nun sind wir amtlich als Eigner der BEFANA eingetragen. Gleichzeitig ist so ein Schiffszertifikat der einzige wirklich offiziell gültige Eigentumsnachweis. Mit diesem Zertifikat haben wir auch unser Rufzeichen als Unterscheidungsmerkmal zugeteilt bekommen. Dies dient unter Anderem beim Funken als Namenszusatz. Schließlich könnte es ja mehrere Schiffe mit dem gleichen Namen geben. Wir werden uns also in

Zukunft am Funk als Sailing Vessel BEFANA, Call-sign: DNWO zu erkennen geben.

Leider hab ich aber im Jahr 2017 schon fast alles ausgebucht mit Chartertörns. Da bleiben wirklich nur 3 Wochen übrig, um mal mit der eigenen Yacht ein paar Runden zu drehen. Schließlich will ich wissen, wie unser Schätzchen segelt. Gelegenheit dazu hatte ich bei der ursprünglichen Probefahrt mangels Wind ja nicht wirklich. Und außerdem will ich aus Makkum weg. Dieser Makler mit seinen Sprüchen geht mir auf die Socken, auch wenn der Liegeplatz dort schon sehr gut und preiswert war. Ich muss mir dennoch nicht bis zur nächsten Saison jeden Tag anhören, was wir für ein schönes Schiff gekauft haben. Das weiß ich selber.

Nun kenne ich von meinen früheren Hollandreisen einen kleinen und netten Hafen in Warns, Nahe Stavoren. Den Yachthafen Pyramide, mittlerweile unter der Leitung von Jos. Da will ich hin und so verlegen Barbara und ich die BEFANA im Juli dort hin. Einen Liegeplatz hatte ich vorher schon per Mail reserviert und diesen für den Rest der Saison gebucht. War der doch preislich in einem Rahmen, der in unser Budget gepasst hat. Jos empfängt uns sehr freundlich und wir bekommen einen Platz am äußersten Steg zugewiesen, der für große Yachten ausgelegt ist. Denn bis auf eins, zwei Ausnahmen sind wir das größte Schiff in der Marina. Zwar mit dem weitesten Weg bis zu den Sanitärräumen, aber das hat auch den

Vorteil, dass nicht allzu viele Leute an unserem Schiff vorbei kommen. Man bleibt ungestört, denn die paar Schiffe, die noch weiter hinten liegen, sind fast alle unbewohnt.

Wir nutzen die Zeit zum Reparieren, putzen und zum Aufräumen. Schließlich soll unser Schiff sowas wie unser zweites Zuhause werden. Das heißt auch, dass wir unnützes Zeug entsorgen und unser Schiff mit allem ausstatten, was wir für sinnvoll halten. Hauptsächlich erst mal im Küchenbereich. Der Vorbesitzer hat in dieser Küche so gut wie nie gekocht. Der Herd und der Backofen sind nahezu unbenutzt. Heißt aber auch, dass an nützlichem Equipment nichts, aber auch gar nichts vorhanden ist. Einkaufen bei Ikea ist angesagt.

Messer, Gläser, Tassen, Teller, Schüsseln, Handtücher, Geschirrtücher, Essbesteck und natürlich auch neue Bettwäsche für uns und unsere zukünftigen Gäste… Alles wird nach unseren Vorstellungen ergänzt oder neu angeschafft. Jetzt macht kochen wieder Sinn und Spaß, was wir in der gemeinsamen Zeit an Bord auch ausgiebig ausprobieren. Der neue Name und der Heimathafen prangen jetzt seit 2 Tagen auf dem Hintern der BEFANA. Noch ein Foto davon für das Amtsgericht in Wiesbaden als Beweis, dass das Schiff auch wirklich vorschriftsmäßig gekennzeichnet ist.

Am Wochenende darauf ist endlich Schiffstaufe. Sehr gute Freunde von uns, Harald und Gabi, kommen zu

Besuch nach Holland. Nach einigen Überlegungen, wer die Ehre haben darf, die BEFANA zu taufen, sind wir zu dem Schluss gekommen, dass eigentlich nur Gabi dafür in Frage kommt. Steht sie uns freundschaftlich doch am nächsten und eine Schiffstaufe ist ja schließlich etwas Besonderes. Wir freuen uns auf die beiden und werden auch mal eins, zwei Runden mit ihnen durch die Kanäle und über das Ijsselmeer fahren.

Wind war natürlich nicht genügend vorhanden. Wie auch im Juli? Dafür aber am Donnerstag reichlich Regen. Also fahren wir überwiegend unter Maschine. Wir schmücken die BEFANA mit bunten Zierflaggen über die Toppen und binden das Ende dazu am Spi-Fall fest, um es 20 Meter nach oben bis in die Mastspitze zu ziehen. Hübsch sieht unser Schiffchen jetzt aus, fertig für den großen Moment am Freitagabend. Gabi macht einen super Job, hält eine bewegende Taufrede und gießt eine Flasche feinsten Sekt über den Bug der BEFANA. Zerschlagen der Flasche an der Bordwand kommt schließlich bei einer GFK-Yacht nicht so gut. Deshalb die Softtaufe. Alles läuft glatt, der Korken der Flasche kommt aus abergläubischen Gründen in die Bilge, direkt unter den Mastfuß, wo er immer für Glück sorgen soll, und für die Handbreit Wasser unterm Kiel. Wir gehen lecker essen und haben noch einen schönen gemeinsamen Abend. Zumindest das Heck trägt schon mal den Namen und den Heimathafen.

BEFANA – Wiesbaden. Es geht voran und wir sind mächtig stolz.

Klar, reißt beim Abschmücken am nächsten Morgen die Fähnchenleine am Spifall in fast 20 Meter Höhe ab und eben nicht unten, wo man ja leicht dran käme. Der Rest der Leine fällt aufs Deck, das Spifall bleibt natürlich oben. Klasse! Hey Murphy, ich kenne deine Gesetze. Barbara muss hoch, Bootsmannsstuhl ausprobieren und ich darf kurbeln. Klappt aber prima und Barbara ist die Höhe ja schon gewohnt. War früher auf Charteryachten ja schon ein paar Mal da oben. 20 Meter sind schon ganz schön hoch – Respekt.

Wir verbringen noch ein paar gemeinsame Tage zu zweit auf der BEFANA, segeln nach Enkhuizen, Lemmer und Stavoren und freuen uns, dass wir so ein tolles Schiff gefunden haben. Kleinigkeiten werden repariert, und ein paar nötige Besorgungen gemacht. Gasflaschen gefüllt und alle Betten mit neuer und frischer Bettwäsche überzogen.

Am Samstag fährt Barbara wieder nach Hause und meine ersten Gäste kommen an Bord. 2 Ein-Wochen-Törns mit Freunden und Bekannten sind geplant. Britta mit ihrem Freund Detlef und Bernd, ein Bekannter aus Brensbach. Britta kenne ich von früher, aus der Schulzeit und Bernd ist so ein cooler Spät-68er. Eigentlich für mein Verständnis politisch ein bisschen zu grün angehaucht, aber wir kommen sehr gut miteinander klar. Die teilweise tiefgründigen Gespräche mit ihm, manchmal bis tief in die

Nacht, machen mir immer wieder richtig Spaß. Er wohnt in der „Alten Post" in Brensbach. Einer mehrere hundert Jahre alten Hofreite, die früher einmal als Poststation von Thurn und Taxis diente. Heute ist die „Alte Post" als Kleinkunstkneipe ein Eventlokal.

Die Woche drauf kommen Thomas, Ulla und Roman. Da freue ich mich auch drauf, dass die BEFANA mal ein bisschen in Bewegung kommt. Bei den Törns auf den Kanälen rund um Lemmer und Sneek, selbst auf dem Ijsselmeer draußen, merken wir in den nächsten Tagen sehr schnell, dass die BEFANA für dieses Binnen-Revier eigentlich viel zu groß ist. Zweimal laufen wir, trotz Fahrens innerhalb der Betonnung, auf Grund und viermal bekommen wir nur schwer einen Liegeplatz, weil wir entweder zu tief, zu breit oder zu lang sind. Außerdem ist die Überfahrt nächstes Jahr ins Mittelmeer sowieso schon beschlossene Sache. Und somit bleiben wir für den Rest des Jahres 2017 ganz entspannt.

Ja, die BEFANA muss ins Mittelmeer. Da geht kein Weg dran vorbei. Aber vorher müssen unbedingt noch ein paar Dinge abgearbeitet werden. Angebote für das Ruderlager einholen, Umprogrammierung des Funkgerätes und der MMSI Nummer beantragen, Trans-Ocean anmelden.

Ich habe viel zu tun auf unserem Schiff und könnte den Rest meines Lebens auf der BEFANA verbringen. Trotzdem freue ich mir ein Loch in den Bauch. Das Seglerleben hat was. Man kommt mit vielen anderen

Seglern ins Gespräch und hat irgendwie immer auf dem Schiff etwas zu erledigen. Ich fühle mich wohl hier auf der BEFANA. Hab ich doch alles bei mir. Schlafzimmer, Bad, Toilette, Küche und mein Büro.

So, nun muss ich aber nochmal umdenken. Hab schließlich in 2017 noch ein paar Chartertörns zu fahren. Elba, Griechenland und ganz geil – in die Karibik diesen Winter. Im Herbst dann geht die BEFANA ins Winterlager bei Jos auf den Hof. Kranen, Mast legen, winterfest machen und ab April nächsten Jahres kommt der große Törn. Da gibt es wunderschöne Törnetappen mit Zwischenzielen wie Dover, Southampton, Kanalinseln, Saint Malo und Brest. Die Biskaya-Überquerung ist für Juni geplant und dann wird es hoffentlich auch wärmer. Ab in den Süden lautet dann das Motto. Spanien, Portugal, Gibraltar und wieder Spanien. Über die Balearen nach Sardinien und Korsika mit dem Endziel Isola d´ Elba. Das wird ein spannendes Jahr – 2018.

Das liest sich ja alles ganz toll. Der Micha hat wohl zu viel Urlaub, denken jetzt alle. Nein, Leute! Das sind ein Job und ein Auftrag. Und außerdem hab ich schon ein bisschen Bammel vor einigen Etappen dieser Überführung. Segeln in der Nordsee mit ihren konfusen Wellen und Untiefen, Überquerung des Ärmelkanals, Gezeitenhübe von bis zu 11 Metern, die Biskaya-Überquerung und segeln im Atlantik vor der portugiesischen Küste – kaum geschützte Häfen. Auf was hab ich mich da bloß eingelassen? Ich hätte mein Schiff ja auch im Mittelmeer kaufen können. Aber nein – Holland. Ganz ehrlich... ich hatte mich sogar über einen Schwertransport über Land erkundigt, aber aufgrund der schier unbezahlbaren Kosten ganz schnell wieder davon verabschiedet. Also bringe ich das Baby selbst ins Mittelmeer. Wird schon werden. Ich kann das.

Die geplante Route:

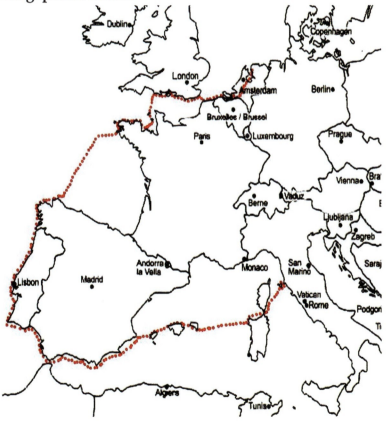

April – die letzten Tage Holland

Fast alles geschafft...
Die BEFANA ist wieder in Ihrem Element. Wir haben viel gearbeitet in den letzten paar Wochen. Dazu gilt ein besonderer Dank meinem Schatz. Wir haben hart geschuftet und gelitten, bei diesen eisigen Temperaturen. Gott sei Dank hat Mary, unsere Webasto Heizung, gut funktioniert. Wir sind nicht erfroren.

„Und alles gemacht ist auch schon..." Das Unterwasserschiff, ca. 34 qm, abgeschliffen und neues Antifouling drauf. Leider nicht so wie ich mir das vorgestellt habe, denn in Holland ist das „gute" Antifouling nicht zu bekommen und außerdem ist es strengstens verboten es zu verarbeiten. Das holländische Zeug aber taugt für das Mittelmeer nicht wirklich. Es soll Algenbewuchs und den Ansatz von Seepocken, eine Art Muscheln, verhindern. Klappt zwar weitestgehend im Brackwasser des Ijsselmeers aber eben nicht im Salzwasser.

Das Deck haben wir vom Winterschmutz befreit, Winschen poliert und innen alles picobello gereinigt, Grundausstattung ergänzt, Mast wieder drauf, Segel beim Segelmacher reinigen und überholen lassen, neue Sprayhood drauf und das Schiff wieder im Wasser. Die alte, rote Sprayhood hat es im Winterlager während eines Sturmes völlig zerlegt. Nun haben wir eine neue in grau, gleiche Farbe wie unser Bimini. Ein schönes Gefühl. Die noch fast neue rote Kuchenbude des Vorbesitzers leistet bei diesem Wetter auch gute Dienste. Ich werde sie entgegen meinen ursprünglichen Vorstellungen doch behalten. Man weiß ja nie.

Jetzt am Sonntag kommen Anna und Basti an Bord. Beide sind auch vom Segeln besessen und wollen sich hier bei mir auf die theoretische Prüfung des SKS-Scheins vorbereiten. Anna kenne ich von einem Törn, den ich für den Segelclub Elba als Skipper gefahren bin. Eine taffe, junge Frau, noch keine 30 Jahre alt und fast am ganzen Körper tätowiert, die kann kräftig und entschlossen zupacken, wenn es drauf ankommt. Ist gelernte Maschinenschlosserin, wie Barbara, und fährt in Ihrer Schicht einen riesigen Deckenkran, der tonnenschwere Blechrollen bewegt. Ich bin seit dem gemeinsamen Törn auf Elba von ihr begeistert. Da können sich manch andere jugendliche 'ne Scheibe abschneiden. Basti, ihren Freund und Lebensgefährten kenne ich vom gemeinsamen Törn auf dem Atlantik. Der Arme hat die Atlantikwelle seinerzeit nich so gut vertragen und eins, zwei Tage Fische gefüttert. War daraufhin sehr enttäuscht und traurig, dass ihm beim Segeln schlecht wird. Aber ich konnte ihn beruhigen und hab ihm, wie allen anderen seekranken Leuten erzählt, dass das nach 2 Tagen vorbei sein wird.

Und so war es dann auch. Also auch er macht seinen Segelschein bei mir. Das freut mich für ihn.

Vier Tage sind die beiden da und wir lernen fleißig 8 Stunden am Tag für die SKS Prüfung. Kochen abends gemeinsam und haben eine tolle Zeit an Bord der BEFANA. Ich kann Anna und Basti noch überreden, mir beim Aufriggen der Segel und des nagelneuen Biminis zu helfen. Das klappt prima und jetzt ist die BEFANA wirklich startklar für die große Reise. Ein paar Sachen müssen aber noch besorgt werden. Schließlich soll die Ausstattung noch etwas angehoben und für Langfahrt aufgerüstet werden. Donnerstags drauf gehen Basti und Anna von Bord. Ich bin sicher, dass die beiden Ihre SKS Prüfung super absolvieren. Viel Erfolg Ihr zwei. Die 4 Tage mit Euch haben wie immer riesen Spaß gemacht.

Der Rest der Woche ist arbeitsreich. Wäsche waschen, die Bude wieder aufräumen und einkaufen, denn Sonntagabend kommen schließlich die nächsten Gäste. Am dem Samstag, bevor diese kommen, ist es mal wieder kalt draußen. Bedeckt und der Wind fegt in Böen heute Morgen mit 28 kn übers Deck. Gott sei Dank aus Osten und somit sitz ich in meiner Kuchenbude trocken und warm. Mary, meine Webasto Heizung, brummt leise vor sich hin und sorgt für angenehme Temperaturen.

Derweil hab ich immer noch ein kleines Problem mit meinem Schaltpanel für die 12 Volt Elektrik und zerbreche mir tagelang den Kopf darüber. Aber ich bin zuversichtlich. Die Kabel im Mastfuß habe ich, nach den Farben zu urteilen, alle richtig angeschlossen, aber drei davon müssen vertauscht sein. Wenn ich das Ankerlicht einschalte, brennt das Topplicht und wenn ich das Topplicht einschalte, das Arbeitslicht am Mast. Und das obwohl die Kabel farblich was anderes sagen. Ich muss das durchmessen. Letztendlich finde ich doch noch eine Lösung, indem ich die Beschriftung am Schaltpanel ändere und zwei der drei Kabel einfach vertausche. Jetzt läuft's.

Beim Verklemmen der Kabel am Mastfuß stelle ich aber noch fest, dass ein Kabelbaum vom Radargerät ziemlich warm wird wenn dort Spannung anliegt. Das ist nicht gut. Kann im schlimmsten Fall zu einem Kabelbrand führen. Und wer will schon, dass der Kahn wegen sowas abfackelt. Ich löse die Verbindungen in der Lüsterklemme und schon rieselt mir rostiger und grüner Staub entgegen. Oxydation der Kupferlitzen und somit keine festsitzenden Kontakte. Da fließt einfach zu viel Strom durch zu wenig Kabel. Mit der feinen Messingbürste und Neoval, einem „Kann-alles-Mittel" rücke ich der Plage auf die Pelle. Strom drauf und siehe da – Kabel bleibt kalt und Radar funktioniert. Also alles im Griff.

Und noch was Gutes hat der Tag. Der Schiffszubehör Händler meldet mir, dass mein Funkgerät vom Programmieren wieder da ist. Da hab ich dann ja am Sonntag früh Arbeit, das Teil wieder einzubauen. Unterm Kartentisch, halb liegend und mit übelsten Verrenkungen schaffe ich es, das Teil wieder an seinem ursprünglichen Ort zu platzieren. Aber die Kabelbinder zum Schrauben krieg ich nicht geregelt. Das muss Barbara machen, wenn sie kommt. Ich bekomme immer nur einen Arm mit Schraubenzieher unter den Tisch. Der zweie mit der Hand zum Festhalten des Kabelbinders passt einfach nicht mehr dazu. Ich bin zu groß und zu dick. Ist aber erst mal nicht weiter schlimm. Das Funkgerät ist angeschlossen und funktioniert. Testfunkspruch zur Küstenwache und der freundliche Herr am anderen Ende bestätigt eine sehr gute Transmission. Na also, geht doch!

Morgen mache ich mich ans Polieren des Hecks und der letzten beiden Winschen, so der Plan. Ich kann mich aber bei dem kalte Wetter nicht dazu aufraffen. Dafür gibt es einen effektiven Bürotag, was nun auch wiederum nicht schlecht ist.

Der Sonntag ist da und Sven und Simone bringen Leben in die Bude. Sven und Simone! Sven ist Bautechniker von Beruf, trinkt und isst gerne, was bei seiner Figur schon manchmal sehr verwundert. Der kann eben gerade vom Frühstückstisch aufstehen und beim Wegräumen schon wieder nach der nächsten Mahlzeit fragen. Hat bei mir vor ein paar Jahren den Segelschein gemacht und ist seitdem jedes Jahr mit 'nem Charterboot unterwegs gewesen. Auf ihn kann ich mich blind verlassen. Der weiß was er tut. Simone, ebenso eine Genießerin was das Essen anbelangt, macht dieses Jahr im Herbst die praktische SKS-Prüfung bei mir auf der BEFANA. Sie will noch ein paar Meilen Erfahrung sammeln.

Wenn ich an die ersten Begegnungen mit Simone denke, ist das schon erstaunlich. Sie war mit ein paar Freunden vor ein paar Jahren mal auf Malle segeln. Dieser Törn muss die Hölle gewesen sein, denn als Sven sich bei mir zum SKS angemeldet hat, meinte Simone, dass sie selbst wohl nie wieder eine Segelyacht betreten wird. Die Erfahrungen mit der damaligen Crew und der Wettersituation haben wohl den Ausschlag dazu gegeben. Nach etlichen Gesprächen zwischen Sven, Simone und mir selbst, konnte ich sie schließlich überzeugen, dass die Segelei an sich nicht so gefährlich und schon gar nicht schlecht ist, wenn man ein paar grundlegende Dinge berücksichtigt. Dazu gehört mit an erster Stelle, dass man als Segelanfänger die Balearen eher meiden sollte.

Die beiden haben also die Anfangs-Etappe in Holland gebucht und im Juni die Biskaya-Tour. Jetzt aber wollen wir gemeinsam das erste Stück unserer langen Reise segeln in diesem Jahr. Die BEFANA soll ja schließlich ins Mittelmeer. Ich bin gespannt. Die letzten Tage in Holland sind angebrochen. Wird auch echt Zeit, dass wir hier weg kommen. Immer nur Pyramide und plattes Land gucken ist auf Dauer langweilig. Außer grünen Wiesen, schwarz-weißen Kühen und Windrädern gibt es hier nix. Und hier im Hafen ist im Moment sowieso wenig los. Nur die WANDA ist noch bewohnt. Ein sehr netter Mann mit einem Berner Sennhund. Vielleicht kennt er sich ja mit der Bord-Elektrik besser aus als ich. Ne Bestätigung, ob ich das alles richtig gemacht habe, würde mir mehr Ruhe und Sicherheit geben. Nachmittags gehe ich mit ihm nochmal Kibbeling essen. Kabeljau-Filets mit Pommes, alles frittiertes Zeug, so ähnlich wie englische Fish and Chips. Na da kann ich mich ja schon mal dran gewöhnen. Doch wenn das Fett bei der Zubereitung nicht schon 2 Tage alt ist, kann man das jedoch durchaus als lecker bezeichnen.

Die letzten paar Arbeitstage waren anstrengend, weil die schwergängigen, angerosteten Winschen doch einiges an Kraft und Nerven gekostet haben. Ich hab die Teile komplett zerlegt, vom alten Fett und Dreck befreit und vorsichtig wieder zusammen gebaut. Man muss höllisch aufpassen, dass einem nicht die Federn wegspringen und sich im Ijsselmeerwasser selbst versenken. Dann sämtliche Ritzel mit Neoval eingesprüht, das ist das geilste Zeug, was es für Geld zu kaufen gibt. Die Winschen laufen wieder fast von alleine und glänzen außen wie neu.

Marc von der WANDA ist ein ganz netter Typ. hat heute meine Mast-Elektronik gecheckt. Auch er bestätigt mir noch mal, dass alles zu funktionieren scheint. Übermorgen starten wir. Egal was noch kommt. Und meiner Süßen hab ich heut noch eine Bestellung aufgedrückt. Sie kommt schließlich in ein paar Tagen auch wieder zu mir auf die BEFANA.

Spargel aus dem hessischen Ried. Hier in Holland gibt es echt nur kulinarischen Durchschnitt zu essen und teuer ist es fast immer auch noch. Ich freu mich auf selbstgemachte Schweineschnitzel, Salzkartoffel und Spargelgemüse. Wer weiß, was uns später in England erwartet. Aber wie gesagt, erst mal ´ne interessante Tour mit Sven und Simone. Ich freu mich auf die beiden. Die BEFANA und ich sind bereit....

Kürzlich hab ich mir beim örtlichen Schiffshändler auch eine Broschüre über die Staande Mastroute besorgt. Man kann auf der Staande Mastroute im Landesinneren mit stehendem Mast bis in die Oosterschelde fahren. Dadurch erspart man sich etwas mehr als 100 Seemeilen auf der Nordsee. Die ganzen Öffnungszeiten der Schleusen und Brücken stehen da sehr übersichtlich drin. Ohne das Werk ist es schier unmöglich überhaupt den Weg zu finden und schon gar nicht die richtigen Zeiten einzuschätzen. Ja, wir könnten auch direkt vom nördlichen Ijsselmeer auf die Nordsee raus. Aber erstens hab ich Schiss vor der Nordsee und zweitens hat die Fahrt durch die Kanäle und mitten durch Amsterdam ja auch was. Leider gibt´s die Literatur hier nur auf Holländisch, aber das macht nix. Die Zeiten für Brücken und Schleusen und auch die Durchfahrthöhen können wir daraus entnehmen.

Sven und Simone haben schon mal das Gröbste eingekauft und da die beiden ein Auto dabei haben, fahren wir nochmal nach Stavoren die restlichen Dinge besorgen.

Frische Lebensmittel, Bier, Trinkwasser und alles was schwer ist. Der Abend wird lang, wir besprechen die geplante Route und freuen uns, dass es am Montagmorgen endlich losgeht.

Nach einem ausgiebigen Frühstück noch schnell duschen, mich von Jos, dem Hafenmeister verabschieden und Svens Auto sicher parken. Dann geht es los. Wir müssen durch die Schleuse bei Stavoren. Da hab ich vor ein paar Wochen mit Barbara den ersten Kratzer in die BEFANA gefahren. Fender zu hoch gehängt und an der Stahlschiene des Wartesteges hängen geblieben. Ärgerlich, aber es wird nicht der einzige Kratzer bleiben. Heute ist in der Schleuse nix los. Das Wetter ist wechselhaft und es sind nicht viele Sportboote unterwegs. Sven steht an der Vorleine und Simone achtern. Die beiden haben Erfahrung und alles klappt wie am Schnürchen. Wir haben Spaß in den Backen.

Ijsselmeer... eigentlich bin ich froh, wenn ich dich hinter mir habe. Erst ein bisschen Wind, dann wieder nix, erst bewölkt, dann Nebel, dann Sonne, dann wieder Regen. Mal warm und Jacke aus, dann wieder kalt und 2 Jacken an. Mal die Segel raus und ´ne viertel Stunde später wieder rein. Motor an, Motor aus. Mann... das hab ich nicht bestellt.

Aber auch der schrecklichste Tag ist mal zu Ende und die BEFANA liegt am Abend sicher im Stadthafen von Volendam. Touristisch, laut, teuer... Chinesen, Japaner,

Iraner, Italiener, Engländer... die finden das alle geil hier. Wir nicht! Wir kochen am Abend auf der BEFANA und gehen nicht in den Ort. Morgen geht's weiter nach Amsterdam. Mit dem eigenen Segelboot mitten in die Stadt. Das wird ganz schön spannend!!

Dienstag sind wir in Amsterdam angekommen. Sehr geile Einfahrt in die Stadt, mit den mittelgroßen Fracht-Pötten sind wir um die Wette gefahren. Der Straßenverkehr wird in Holland einfach angehalten, wenn wir durch die Brücken fahren. Wer kann, der kann....

Jetzt liegen wir in der Amsterdam Marina, mitten im Zentrum. Tolle Sanitäranlagen sagt Sven, als er vom Duschen zurückkommt. Der muss es ja wissen. Ist schließlich seit den Kanaren unser "Duschkönig". Sven kann tatsächlich zweimal am Tag duschen gehen, ohne dass es seiner Haut schadet. Simone kocht an dem Abend lecker, wir haben Spaß und alle sind glücklich.

Morgen ist tagsüber Sightseeing in Amsterdam. Die Fähre bringt uns kostenlos von der Amsterdam Marina in die Stadt. Geschätzt 10.000 Fahrräder stehen dort am Fähranleger, allesamt in extra dafür vorgesehenen Fahrradparkhäusern. Wer, wie ich, so etwas noch nicht gesehen hat, staunt nicht schlecht. Wie das wohl klappt, dass jeder sein eigenes Rad wieder findet. Unglaublich.

Wir vertreiben uns den Tag mit leckeren Snacks von der Marktstraße und mit ein paar leckeren Drinks. Schauen uns die eine oder andere Boutique an und schlendern am

Nachmittag zurück zur BEFANA. Kleines Nickerchen, denn die Durchfahrt durch die Stadt geht nur nachts. Gegen 22.00 Uhr wollen wir los. Laut Broschüre ist um 23.00 Uhr Treffpunkt vor der ersten Schleuse. Dort muss man sich über Funk beim Brückenwärter melden, denn die erste Eisenbahnbrücke geht nur einmal um 01.00 Uhr nachts für ca. 20 Minuten auf. Nachtfahrt durch Amsterdam ist angesagt. Das ist sehr aufregend. Habe heute nochmal unsere BSH Beleuchtung gecheckt. Alles in Ordnung, es kann losgehen. Mit der BEFANA bin ich 100 Prozent zufrieden. Ein sehr geiles Schiff. Der Skipper freut sich.

Eins stört mich aber noch... wir haben seit Tagen immer wieder 1- 2 Liter Wasser in der Bilge und nicht wirklich eine Ahnung, wo es herkommt. Muss ich unbedingt beobachten. Geschmacksprobe: Süßwasser! Also kein Wasser, was von außen eindringt. Dann kann es ja nicht so schlimm sein.

Staande Mastroute

Logbuch 18.04.2018, 18:14 sehr kalte Nacht
Ich denk immer, ich hab schon viel erlebt. Aber das gestern Nacht war der absolute Hammer. Pünktlich, wie vom Schleusenwärter bestellt, waren wir um 23.00 Uhr an der ersten Schleuse. Die wird auch tatsächlich zeitnah geöffnet und dann stehen wir vor der ersten von 14 Brücken in Amsterdam. Eingesperrt quasi, zwischen der Schleuse und der Eisenbahnbrücke. Wir nehmen Funkkontakt über Kanal 22 zum Brückenwärter auf und legen uns an die Kaimauer an Steuerbord vor einen augenscheinlich unbewohnten, relativ großen Rahsegler und warten. Warten, warten, warten.... Eine Stunde tut sich nix. Wahrscheinlich guckt der Brückenwärter Fußball oder so. Plötzlich: Die Ampel springt von rot/rot auf rot/grün. Wir freuen uns, dass es endlich los geht und offensichtlich auch das Rah-"Monster" hinter uns freut sich. Hat er doch jetzt seine Masten, eigentlich das gesamte Rigg, komplett in violettes Licht getaucht, was ein sehr beeindruckendes Bild abgibt. Er legt zeitgleich mit uns ab und kommt uns von achtern immer näher. Hinter der ersten Brücke gleich die zweite und sehr wenig Platz zum Manövrieren. Warten ist wieder angesagt bis der Brückenwärter mit seinem Fahrrad, wie soll´s in Amsterdam auch anders sein, zur nächsten Brücke

gefahren ist. Der Arme hat wohl alleine die Nachtschicht heute. Wir müssen aufpassen, dass wir nicht zu nah ans Ufer kommen und nicht zu dicht an die Brücke. Mit Gashebel vor und zurück sowie mit meinem Bugstrahlruder halte ich die BEFANA auf der Stelle.

Über Funk kriege ich mit, wie der Rah-Skipper auf Holländisch mit dem Brückenmenschen über "*die duitse Zeijljacht*" redet. Aha, der meint also uns. Beschwert er sich jetzt? Keine Ahnung. Dann die Erleichterung. Er spricht uns über Funk auf Deutsch an und bittet vorbei zu dürfen, weil er uns durch seinen mächtigen Klüverbaum von seinem Steuerstand aus nicht sehen kann und Angst hat, uns von hinten zu rammen. Nett - oder?

Wir lassen Ihn mit seinem beeindruckend großen Stinkediesel vorbei tuckern und er bedankt sich freundlich über Funk. Eine Stunde später, vor der nächsten Eisenbahnbrücke müssen wir beide wieder anlegen. Er macht fest und sagt, dass wir uns neben ihn, quasi ins Päckchen, legen können und weil es keine anderen Möglichkeiten gibt, nehmen wir dankend an. Er hilft beim Anlegen, nimmt unsere Leinen an und macht sie auf seinem Schiff fest. In der Wartezeit gönnen wir uns einen heißen Tee, denn es ist mit 4 Grad schon ziemlich frisch. Trotz dickem Ölzeug und 2 zusätzlichen Jacken ist mir kalt. Die Hände sind in den Handschuhen klamm und ich lege sie auf dem Kartenplotter im Cockpit. Der ist nämlich schön warm.

Jetzt heißt es wieder warten, denn diese riesige Eisenbahnbrücke wird nur um 02.30 Uhr geöffnet, weil ab da für die nächsten 30 Minuten kein Zugverkehr ist. Der Nachbar kommt irgendwann aus seiner Kabine und spricht uns an. Woher und wohin? Der übliche Seglertalk. Er ist Berufsskipper und sagt, dass wir ihm folgen sollen, damit wir zügiger durch die Amsterdamer Kanäle kommen. Saubere Sache. Denn für ihn machen sie die Brücken und Schleusen früher auf, als es in der Broschüre steht. Das finden wir super und hängen uns mit der BEFANA an seine Fersen.

Jedoch vor der großartigen Autobahnbrücke der A9 müssen wir beide trotzdem bis 05.00 Uhr warten. Das ist wohl die Zeit, wo am wenigsten Verkehr auf der A 9 ist. Dann wird geöffnet. Wie ein Fächer geht das Teil auf. bestimmt 60 Meter breit. Mit unserem fast 20 Meter hohen Mast passen wir sonst halt nicht unter der Brücke durch. Die Autos stehen oben auf der Autobahn vor einer roten Ampel und müssen warten. Schiffe haben in Holland Vorrang.

Die Passage durch die Kanäle mitten in der Nacht ist fabelhaft. Wir fahren mit der BEFANA quasi mitten durch die Wohngebiete. Manch einer der Bewohner steht dort nachts auf seinem Balkon und raucht eine Zigarette im Freien. Jeder winkt uns zu und grüßt freundlich. Selbst die Passanten auf den Fahrrädern, die zu dieser späten Stunde noch unterwegs sind.

Gegen 06.00 Uhr sind wir durch mit Amsterdam. Der Rah Mann verabschiedet sich, wir winken uns gegenseitig zu und wünschen uns eine gute Weiterreise. Wir biegen links ab in einen anderen Kanal. Er muss am Freitag in Antwerpen sein, also gerade aus.

Morgens, um kurz nach sieben, legen wir in Noorderhem an. Diese kleine Marina ist so früh am Morgen schon gewöhnungsbedürftig. Es liegen ein paar Yachten drin und wir sind unsicher, wo wir hin sollen. Denn in der Gewässerkarte sind Wassertiefen von weniger als 1,50 angegeben. Die Schiffe, die ich aber an der Außenmole liegen sehe, kommen mir alle recht groß vor und die haben bestimmt auch über 2 Meter Tiefgang. Langsam tasten wir uns durch die enge Hafeneifahrt, dann links um die Ecke, wo die großen liegen und zielgenau in die zweite freie Box. Ohne aufzusetzen. So, jetzt nur noch Leinen festmachen, kleines Anlegebierchen um 07.30 Uhr morgens und alles ist gut. Wir drei sind recht durchgefroren und müde, also hauen wir uns erst mal zwei, drei Stunden aufs Ohr. Trotz der Kälte und der Anstrengung die Augen auf zu halten, war dies eines der tollsten Erlebnisse, die ich beim Segeln je hatte.

Gegen Mittag wachen wir auf. Sven und Simone gehen den langen Weg ins Dorf zum Einkaufen. Die beiden Wanderer sind das aber gewohnt. Haben ja Ihre Rucksäcke dabei und kaufen das nötigste für die nächsten paar Tage. Gegen Nachmittag gehen wir im Vereinsheim des örtlichen Segelvereins noch nen Kaffee trinken. Die freundliche Bedienung sagt, dass sie uns heute früh hat kommen sehen und hat deshalb das Lokal für uns geöffnet. Sonst ist keiner da. Nur wir drei. Wir sitzen gemütlich auf der Terrasse in der Nachmittagssonne, beobachten den Hafen und den Schiffsverkehr draußen auf dem Kanal. Das ist ein Leben.

Logbuch 20.04.2018, 10:19 Kanäle, Kanäle, Brücken, Brücken...

Kanäle und nochmal Kanäle. Brücken und immer wieder Brücken. Gestern haben wir um 09.00 Uhr den Hafen verlassen. Sind durch wunderschöne Kanäle durch verträumte Ortschaften gefahren. Enge Wasserwege mit Brücken und Gegenverkehr. An einer dieser Brücken müssen wir warten. Wir machen am Ufer an den Pollern fest und bringen logischerweise 4 unserer dicken schwarzen Fender aus. Wie sich das eben gehört. Ein Kiesfrachter in Form eines mindestens 70 Meter langen Schubverbandes kommt uns entgegen und als der fast durch ist, springt die Ampel auf unserer Seite auf doppelgrün. Wir machen hinten schon mal die Leine los wollen gerade ablegen, da zieht uns der Sog des Frachters zur Seite. Eine der 4 Fenderleinen meint, sie müsse sich festhalten und um einen Poller wickeln und schon ist mächtiger Druck drauf.

Keine Chance für unseren Fender. Er gibt auf und verabschiedet sich Richtung achteraus... So was Blödes. Die sind nicht billig. Gott sei Dank können wir größeren Schaden an der BEFANA verhindern. Der Relingsdraht, an dem die Reste der Fenderleine noch hängen ist regelrecht verschweißt mit der Leine. Wir haben echt Mühe sie ab zu bekommen. Zu zweit drücken wir die Spitze des Marlspiekers in die Öse und können erst nach einer halben Stunde Erfolg vermelden.

Im weiteren Verlauf der Reise kommen wir an Rotterdam vorbei. Industriebiete ohne Ende, Große Schiffe ohne Ende und die Fahrwasser werden breiter. Auch kommen wir in erste Gebiete mit Gezeitenströmen. 2 kn Strom kommen uns entgegen, wie soll es auch anders sein.

Wir entscheiden uns zum Übernachten in den Stadthafen von Dordrecht zu gehen. In der Seekarte sind bei Niedrigwasser in der Einfahrt nur 10 cm Wassertiefe angegeben, also informieren wir uns per Telefon beim Hafenmeister. Der ist sehr freundlich und hilfsbereit und wir bekommen die Auskunft, dass er für uns einen Liegeplatz hat und der Hafen trotz der Angaben im Revierführer auch bei Niedrigwasser angelaufen werden kann.

Die Hafeneinfahrt ist etwas tricky, da es nach der Brücke unmittelbar um eine scharfe Linkskurve geht und dort recht wenig Platz zum Drehen ist für unsere 14 Meter lange BEFANA. Innen angekommen empfängt uns ein schöner, antiker Hafen mitten in der Stadt und beste Infrastruktur. Wir machen abends einen Rundgang durch die engen Gassen und gehen noch ein paar Lebensmittel einkaufen. Das Glockenspiel der Kirche im Ort spielt zu jeder vollen Stunde eine Melodie. Holländische

Volksmusik. Hier scheint die Zeit stehen geblieben zu sein und alle sind irgendwie tiefenentspannt. Auch der Hafenmeister, der morgens um 09.00 Uhr die Brücke bedienen will. Das haben wir erfahren, als wir nachgefragt haben, wann wir morgen früh auslaufen können. Um halb zehn isser da und öffnet die Brücke.

Dann nämlich geht´s nach Sint Annaland. Da war ich schon oft. Yachten angucken bei De Valk. Das Argument des Verkäufers bei einer meiner Yachtbesichtigungen war damals: *„was wollen Sie denn am Ijsselmeer in dieser Brühe, die aussieht wie alte Erbsensuppe?"* Er hatte Recht, denn hier im und um den Hafen ist das Wasser durch die Gezeiten der Nordsee schon ziemlich sauber. Geschätzt einen Meter tief kann man gucken. Ich meine mich zu erinnern, dass da am Ende von dem De Valk Gebäude ein Schiffshändler war. Und richtig – wir können dort unseren verloren gegangenen Fender ersetzen. Widererwarten kostet der weniger als gedacht. Mit knapp 70 Euro erstehen wir fast den gleichen, wie wir ihn verloren haben.

Am letzten Tag mit Sven und Simone geht es nach Wemeldinge in die Oosterschelde. Hier kommt am Samstag meine Süße mit an Bord. Da freu ich mich drauf und natürlich auf die Spargel aus der Heimat. An einer der Schleusen vorher müssen wir durch die Schleusenkammer mit der Berufsschifffahrt, weil wir mit unseren 20 Metern Masthöhe wieder mal nicht durch die Sportbrücke passen. Über zwei Stunden sollen wir warten, bis 2 große

Berufsschiffe an der Schleuse ankommen. Die zwei fahren in die Schleusenkammer und mit uns wird dann die Lücke gefüllt. Es ist 19.00 Uhr, als wir in Wemeldinge ankommen. Entschädigung: An der Hafeneinfahrt begrüßt uns ein Seehund vom Strand aus.

Sven und Simone reisen am Sonntag mit dem Zug zurück nach Stavoren, um mit Ihrem Auto die Heimreise anzutreten. Danke für alles, ihr Beiden. Kommt gut nach Hause. Wir sehen uns auf Jersey wieder.

Aufs Meer hinaus

Heute am Sonntag hab ich, nachdem Sven und Simone abgereist sind, erst mal Waschtag. Große Wäsche mit Bettzeug und Handtüchern von den Mitseglern, eigene Wäsche auch und noch paar Putzlappen. Zwei Maschinen und zweimal Trockner. Nach ein paar Stunden ist alles wieder clean. Barbara und ich genießen die Zeit miteinander, weil wir uns schon lange nicht mehr gesehen haben. Abends kochen wir uns gemeinsam ein leckeres Essen mit Spargelgemüse und paniertem Schnitzel. Eine gute Flasche Wein wird geöffnet und wir machen es uns auf der BEFANA gemütlich. Besprechen den weiteren Törnverlauf und studieren die letzten Seiten der Staande Mastroute-Broschüre. Wir wollen morgen hinaus auf die Nordsee.

Am Montag gegen 14.30 Uhr haben wir abgelegt, Richtung Zeeland Brücke. Die macht nur um xx.25 Uhr und um xx.55 Uhr jeweils für 10 Minuten auf. 16.15 Uhr waren wir vor der Brücke. Super ausgerechnet. Langsam kommt Routine rein. Die Brücke öffnet nach Anmeldung über Funk pünktlich um 16.25 Uhr. Eine Nacht werden wir noch in Zeeland bleiben, bevor wir endgültig auf die Nordsee raus fahren. Roompot ist für heute das Ziel.

Weitere Gezeiten-Berechnung: wir können nur zwischen 18.30 und 22.30 in den Hafen der Roompot-Marina rein.

Sonst reicht uns das Wasser nicht. Hafeneinfahrt um 18.31 Uhr passiert, bei 20 cm Wasser unterm Kiel. Genial.

Ziemlich schlecht aufgeräumte Marina, die eigentlich die Bezeichnung nicht verdient. Aber wir liegen fest und sicher und heute Abend wird nochmal lecker Spargel gekocht. Morgen rechne ich weiter... Hochwasser, Niedrigwasser, Schleusenzeit, Hafen Ankunft. Es soll nach Zeebrugge gehen, bin gespannt. Das Wetter wird schlechter. Nich so gut, weil die Nordsee fiese kurze Wellen produziert und meiner Süßen dann bestimmt wieder übel wird. Die ist da schon ein bisschen empfindlich. Gerade auch wenn es kalt ist. Ich will nicht, dass es ihr schlecht geht.

So, für heute alle Berechnungen aufgestellt. Wir können los. Es soll durch die Roompotschleuse raus auf die Nordsee gehen. Unter der Noordlandbrücke hindurch. Darüber geht die Autobahn A4. Kurz vor der Schleuse bleibt mir fast das Herz stehen. Durchfahrthöhe der Brücke ist in der Seekarte angegeben mit 19,60 Meter. Was ich übersehen habe: Dies ist keine Hubbrücke. *„fixed bridge – 19,60 m"* steht da. Unsere Masthöhe ist wie gesagt 20 Meter. War das jetzt mit, oder ohne Antenne? Wieviel Gezeitenhub haben wir jetzt und heute? Wenn wir da nicht durch passen, müssen wir einen Umweg von über 40 Seemeilen in Kauf nehmen. Das wirft uns einen ganzen Tag zurück. Ich funk mal den Schleusenwärter an und frage mal nach. Er bestätigt am Funk, dass die maximale

Durchfahrthöhe heute aufgrund der Gezeitenstände nur 18,90 Meter beträgt. Aber wir sollen mal vor dem Yachthafen festmachen, er meldet sich wieder. Was will er machen? Meinen Mast abschneiden? Die Brücke anheben? Wir warten. Eine Stunde, eineinhalb Stunden... Dann der Funkspruch: *„Zeiljacht BEFANA, BEFANA, BEFANA... this ist Roompotsluis, over..."*

Ich melde mich und er sagt wir sollen zur Schleuse kommen. Er hat eine Idee. Okay, denk ich. Fahren wir zur Schleuse. Jedoch liegt der Wasserspiegel der Nordsee zu dieser Zeit etwa einen halben Meter über dem Niveau der Oosterschelde. Vor dem Tor angekommen, springt auch schon die Ampel auf rot/grün und das Schleusentor öffnet sich ganz langsam. Ich schau nach oben in die Fenster der Verkehrszentrale und da steht der Schleusenmann und zeigt mir den nach oben gestreckten Daumen. Also fahr ich rein. Wir halten uns wie üblich an der Schleusenmauer fest und warten was passiert. Entgegen meiner Vermutung wird nun der Wasserpegel in der Schleuse um gut einen Meter abgesenkt. Der Mann ist genial. Jetzt reicht es für uns, unter der Autobahnbrücke hindurch zu fahren, ohne dass die Antenne an der Brücke kratzt. Drüben angekommen hebt der uns mit dem Schleusenwasser wieder 1,5 Meter hoch und wir sind durch. Die Holländer haben´s drauf. Gut gemacht min Jung.

Logbuch 25.04.2018, 09:47   Blankenberge Belgien
Der erste Tag Nordsee liegt nun hinter uns. Strömungen, Gezeiten, Wellen, Wind auf die Nase,… alles halb so wild. Kann man alles berechnen und berücksichtigen. Ich hab mir das immer schlimmer vorgestellt, doch es kommt ja noch dicker die nächsten Wochen. Hier haben wir an jedem Tag etwas mehr Tidenhub, als den Tag zuvor. Gestern Hochwasser um die 3,90 Meter und morgen schon an die 5,00 Meter. Die Einfahrten in die Nordseehäfen haben für mich was Beängstigendes. Von See kommend sind die alle mit riesigen Gittern aus Stammholz gegen die Wellen geschützt. Man fährt in das betonnte Fahrwasser und dann zwischen diesen etwa 7 Meter hohen Gittern bis in den etwa 1 Meile entfernten Hafen. Wenn es da aus Westen richtig kachelt, würde ich mich da bestimmt nicht rein trauen.

Wir brauchen dringend eine Tankstelle. Der Dieseltank der BEFANA ist mehr als dreiviertel leer. In Blankenberge ist eine Tankstelle in der Seekarte eigezeichnet. Da fahren wir morgen früh hin, bevor wir auslaufen. Aber habe ich die beim Reinfahren überhaupt gesehen? Da war doch gar nix. Nur Baustelle. Ich frag mal den Hafenmeister. Na toll… die Tankstelle ist weg und wird erst zum Ende der Bauarbeiten, im Sommer 2019, wieder in Betrieb genommen. So lange warten wir nicht. Müssen wir halt morgen mehr segeln, als mit Motor fahren. So was liebe ich. Das Navigieren auf der Nordsee ist spannend. Wir fahren in Gebieten mit Kartentiefen von um die 4 – 6 Metern. Man muss bei diesen Sandbänken, die Belgien und Frankreich vorgelagert sind, öfter in die Karte schauen, ob man noch auf dem richtigen Weg ist. Schnell hat man 'ne Sackgasse erwischt und muss wieder zurück. Das wäre doof.

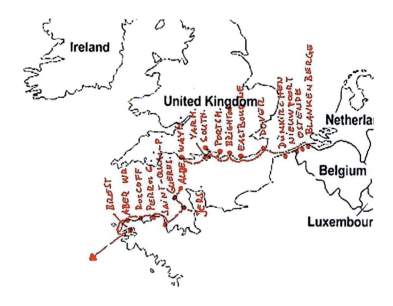

Gestern Abend sind wir dann mit dem letzten Tropfen Diesel an die Tankstelle in Nieuwpoort gekommen. Fassungsvermögen laut Bordhandbuch: 210 Liter Diesel. Fassungsvermögen laut Bavaria Forum: 206,5 Liter Diesel. Getankt haben wir in Nieuwpoort: 206 Liter Diesel.

Puhh… das war dann wohl knapp. Fast hätten wir Dieselschlamm angesaugt. Dann wäre Jöns einfach stehen geblieben und wir wären zwischen den Holzgittern bei der Hafeneinfahrt auf Grund gelaufen. Segeln kann man dazwischen nicht. Zu wenig Platz. Innerlich habe ich mir schon ´nen Anschiss wegen schlechter Seemannschaft verpasst. Das darf nicht mehr passieren.

Die Wege zu den Supermärkten hier in Nieuwpoort sind endlos weit. Nich gut für mein Knie. Aber es geht dann irgendwie doch. Lebensmittel bunkern muss halt sein. Barbara wollte sich gestern mal die City anschauen. Das war mir dann doch zu weit.

Heute geht´s kurz nach HW wieder raus. Der Wind soll auffrischen auf 19 Knoten, aber die Strömung ist mit uns. Wir kommen gut voran und wenn nichts Außergewöhnliches passiert, sind wir voll im Zeitplan. Super!

Nordsee der 3. Tag. Gestern war es schon ruppiger. Wind war angekündigt 19 Knoten… im Tagesverlauf hat er dann auf bis zu 30 kn zugelegt. Entsprechende kurze steile Welle war natürlich die Folge. Ich hab meine Süße echt bewundert, wie sie da hinterm Ruder stand und die BEFANA durch die Wellen gezimmert hat. Immer wieder kam ordentlich Gischt über die Sprayhood und hat meine Süße geduscht. Das Wasser lief in Sturzbächen über das Vordeck, bis es im breiten Strom über die hintere Süllkante wieder in die See zurück lief. War ich froh, dass mein

Schatz das Frühstück bei sich behalten hat. Das war nicht immer so.

Ich habe, unter der Sprayhood sitzend, die BEFANA sicher zwischen den Sandbänken von Belgien und Frankreich navigiert und Barbara den Kurs vorgegeben.

Bis kurz vor dem Ziel, saß ich dort auch relativ trocken. Aber eine der aufgeschossenen Vorleinen an der Reling meinte sich aufwickeln zu müssen und hing schon 5-6 Meter neben dem Schiff. Nicht auszudenken, wenn die in die Schraube kommt. Ich muss also aufs Vorschiff, das sich bis zu drei Metern in die Höhe hebt, bevor es mit Wucht wieder in die nächste Welle eintaucht. Geiler Job, so etwas. Mit Rettungsweste und Lifebelt ausgerüstet robbe ich nach vorne, um die Leine zu sichern und wie nicht anders erwartet, kriege ich natürlich die volle Dusche. Eine Eimerdusche ist harmlos dagegen. Ich bin trotz Ölzeug nass bis in die Socken. Geiler Job eben. Für alle die immer denken, ich würde hier nur Urlaub machen.

Um 17.00 Uhr passieren wir die Hafeneinfahrt von Dunkerque und schlagartig ist die Welle weg, aber der Wind noch immer präsent. *„Spaß beim Anlegen"*, denke ich, aber alles geht gut. Zwei nette Franzosen nehmen unsere Leinen an und wir liegen sicher am Steg. Die ganze Nacht wackelt und zerrt es an den Leinen. Schwell steht im Hafen und der Wind bläst immer noch mit 30 kn. Dunkerque übrigens hat auf der Nordseite ein riesiges Industriegebiet mit unzähligen Schornsteinen. Überall raucht es schwarz und braun aus den Schloten und im Yachthafen auf der Südseite liegt ein staubig-schmieriger Schleier auf den weißen Decks der Yachten. Gesund kann das nicht sein. Lange bleiben wir hier nicht. Landschaftlich ist die belgische und französische Küste sowieso nicht das Highlight. Die Architektur der Häuser ist zum Kotzen,

Heute ist Hafentag angesagt. Schiff entsalzen, bisschen was reparieren und putzen. Einkaufen und Dunkerque unsicher machen. Morgen geht´s nach England.

Cross the Chanel

Logbuch 28.04.2018, 19:05 England - wir kommen. Die Überfahrt nach England. Mann, hab ich darüber viel gelesen. Nächte lang nicht geschlafen und immer wieder davon geträumt, dass ich nicht durch das Verkehrstrennungsgebiet im Englischen Kanal komme, weil die großen Pötte, Containerschiffe mit bis zu 340 Meter Länge und 40 Meter Breite und manche bis zu 30 Knoten schnell, einen nicht dadurch lassen. Schließlich haben die ja Vorrang im VTG. Und das ist aufgeteilt wie 'ne Autobahn. Verkehrsrichtung rechts in die eine Richtung, dann Trennzone und wieder Verkehrsrichtung in die andere Richtung. Gesamtbreite um die 8 Seemeilen. Das braucht also gute anderthalb Stunden Zeit, um drüben zu sein.

Man soll sich vorher über Funk anmelden, wenn man das Verkehrstrennungsgebiet überqueren will und darf nur 90° zur Hauptverkehrsrichtung queren. 90 Grad mit rechtweisendem Kurs, also der Kiellinie des eigenen Bootes. Versatz durch Wind und Strom sollen dabei unberücksichtigt bleiben. Mann – das muss ich all meinen Schülern im SBF- und SKS-Kurs genauso beibringen. Und das flößt manch einem schon reichlich Respekt ein.
Was ist wirklich passiert? NIX !!!

Fakt ist: Angekommen gestern am Rand des VTG. Funkruf von mir nach der Chanel Traffic... Keine Antwort. Also einfach so drüber. Ich sehe backbords von uns eines der großen Schiffe... warte bis es durch ist... und dann los. 8 Seemeilen quer übers Verkehrstrennungsgebiet „Dover Chanel".

Und? Keine Sau interessiert sich für uns. Nix los. Nix große Pötte, kein Anschiss über Funk, weil mein 90° Kurs nicht korrekt war.. Also auch nix Aufregung. „*Coole Sache*", denke ich. Jetzt kommt noch die Einfahrt von Dover. Das ist ein Gezeitenhafen und laut Almanach nicht zu jeder Gezeit passierbar.

Die Marina ist in der letzten hinteren Ecke. Ich wieder Bammel vor den großen und schnellen Fähren, die aus dem Terminalhafen ein- und ausfahren. Also kündige ich unsere Ankunft an und rufe die Dover Port Control, 3 Meilen vor Ankunft über Funk... Ein freundlicher Herr begrüßt mich mit: *„good afternoon, Sir...How are You? Do You had a good trip? Please call me again, if You´re 200 meters in front of the Harbor...over"*

Mach ich, aber die grüne Ampel ist schon an für uns, als wir uns nähern. Das gleiche im Hafenbecken und in der Einfahrt der Marina. Wir müssen zwar ´ne Stunde auf hohes Wasser warten, aber das funktioniert hier alles super. Und die Insulaner sind alle sehr, sehr freundlich und hilfsbereit.

Doch die Hafeneinfahrt gestaltet sich spannend. Wir haben im Moment so niedriges Wasser und die Betonwände sind so hoch, dass wir von der BEFANA aus keine richtige Orientierung haben. Alles sieht aus wie ein riesiges Labyrinth mit den meterhohen Mauern. Und die sehen furchterregend aus mit Ihren düsteren und grünen, glitschigen Wangen. Ich weiß nicht genau, ob ich gerade in einem Science Fiction oder in einem Historienfilm bin. Aber da oben, da oben ist ein Pfeil nach rechts mit der Aufschrift „Marina". Alles ganz einfach. Man muss nur gehörig Ausguck halten.

Mein Fazit ist, dass sowohl ein Cross Chanel als auch die Gezeitengeschichte ganz entspannt abläuft. So richtig stressig ist das nicht und im Prinzip interessiert keinen so wirklich, wo wir gerade sind und wann wir ankommen. Die haben uns sowieso auf dem Radar. Nach gut 41 Meilen und einem weitgehend schönen Segeltag sind wir entspannt in Dover angekommen. Entspannt aber nass... denn wie soll es auch anders sein. Es hat zum Schluss nochmal geschüttet wie aus Eimern. British weather...

Am Tag nach der Ankunft haben Barbara und ich eine kleine Sightseeing-Tour durch Dover gemacht. Das riesige Castle aber nur zum Teil besichtigt, Man bräuchte geschätzt gut 2 volle Tage, um sich das ganze Gemäuer anzusehen, so groß ist das. Wie eine Stadt für sich. Später dann ein Zugticket für morgen früh gekauft, Boot geputzt und aufgeräumt. Sonntag früh kommt der freundliche

Taxidriver von heute, ein Kurde aus dem Iran, und bringt uns zum Bahnhof. Für eine Woche geht´s nach Hause nach Iwwero. Freu mich drauf. Und nächste Woche kommt Elli, die neue Mitseglerin. Dann rocken wir zu zweit die Gezeiten hier im Englischen Kanal

Logbuch 07.05.2018, 20:52   zurück in Dover

Launeverderber waren heute da... Also am Samstag sind Elli und ich wieder in Dover angekommen. Die Zugfahrt hat super geklappt. Pünktlich um 15.30 Uhr waren wir auf der BEFANA. Alles in Butter aufem Kutter. Die BEFANA schwimmt noch und es scheint durch den Sturm letzte Woche auch nix kaputt gegangen zu sein. Gut so. Und die 6 dicken, schwarzen Fender sind auch alle noch da. Sogar der Schwartenmagenfender hängt noch am Heck. Wie schön. Nix fort, nix geklaut.

Sonntag habe Elli und ich nen Hafentag gemacht. Sonst hätten wir um 02.00 Uhr aufstehen müssen, wegen des sehr frühen Hochwassers und der damit verbundenen Hafenöffnungszeiten. Nach 03.30 Uhr wäre kein Wasser mehr da gewesen. Und beim 2. Hochwasser auslaufen ging auch nicht, sonst wären wir spät nachts im Zielhafen angekommen. Übrigens sind in allen Gezeitenhäfen die Büros der Hafenmeister 24/7 besetzt.

Also sind wir Montag früh erst los. Halb acht. Wir melden uns vorschriftsmäßig beim Hafenmeister ab, fahren aus dem Hafen und dann Kurs 230°. 12 Knoten Wind raumschots passt auch gut, also Segelsetzen.

1. Launeverderber- das Roll-Großsegel kommt nicht raus. Hat eine Falte im Achterliek und die will partout nicht aus dem Mast. Eine halbe Stunde lang und mehr versuche ich alle Tricks, bis ich das Großsegel endlich raus hab. Dann das Vorsegel noch dazu... und dann? 8 Knoten Wind, dann 6, 4 ,2, nix mehr... Maschine an, alle Segel wieder rein. Und das geht bis Eastbourne so. Kein Wind, keine Welle. 46 Meilen Flaute und spiegelglattes Wasser. Na toll. Elli wollte doch segeln. Wir haben es zwar versucht, aber es hat nicht wirklich was gebracht. 12.30 Uhr waren es noch 17,3 Seemeilen bis nach Eastbourne. Um 15.00 Uhr immer noch 16,9 Seemeilen. Wir sind also in zweieinhalb Stunden gerade mal 0,4 Seemeilen weit gekommen. Das liegt natürlich auch an der Strömung im Englischen Kanal. Die darf man nicht unterschätzen.

Dann der 2. Launeverderber: Heute Morgen will ich das Bugstrahlruder anschalten. Kein Strom auf dem Schaltpanel im Cockpit. Kacke, verdammte. BEFANA ärgert mich.

Abends bau ich mein Bett komplett auseinander, Laken, Matratze, Lattenrost, Deckel unterm Lattenrost... Da drunter sind nämlich die Batterien für das Bugstrahlruder. Aber die haben beide Saft bis zum Anschlag. Das werde ich in Ruhe verfolgen. Muss es die Woche halt ohne Bugstrahlruder gehen.

3. Launeverderber: Ich hab mindestens 10 Liter Wasser unterm Bett. Wieder da, wo auch der Tunnel für das

Bugstrahlruder sitzt und ich weiß immer noch nicht wie das ganze Wasser dort hinkommt. So ein Mist...

Also leg ich das erst mal trocken, bau den Motor vom Bugstrahler wieder zusammen, mein komplettes Bett und dann geh ich erst mal duschen. Ich sehe aus wie ´ne Sau von dem staubigen und öligen Elektromotor. Danach back ich uns erst mal 2, 3 Schnitzel und morgen sehen wir weiter. Hoffentlich finde ich den Fehler. Ohne Bugstrahler geht zwar, ist aber doof.

Wir verkneifen uns am nächsten Tag nach Portsmouth in die Stadt-Marina zu fahren. Über 5 Meilen ins Landesinnere durch einen sehr engen Kanal. Das muss ja nicht sein. Also entscheiden wir uns für die Southsea Marina etwas außerhalb der Stadt.

Logbuch 10.05.2018, 16:40   Brighton nach Portsmouth. Wir liegen in Portsmouth. Southsea Marina. Hört sich gut an, nicht wahr? Na ja... sind gestern Abend ziemlich erschöpft hier angekommen. Logge zeigt 49,5 eilen. Und das in 10,5 Stunden nicht gerade Rekordzeit. Aber wir konnten immerhin 4 Stunden Segeln. Nur die Strömung von fast zwei Knoten war gegen uns. Zwischen 12.30 Uhr und 15.00 Uhr machten wir gerade mal 0,4 Seemeilen Richtung Ziel gut. Also eigentlich dann doch wieder ein ganz guter Schnitt.

Die Southsea Marina ist wie alle Premier Marinas in einem hervorragenden sauberen Zustand. Alles picobello... Aber die Einfahrt hier rein ist schon abenteuerlich. Geht nur zu Hochwasser −2 oder +1 Stunde. Sonst laufen die hier trocken. Im Hafenbecken sind dann die Wassertiefen bei Niedrigwasser von 2 Metern. Mein Tiefgang 2,00 Meter. Mein Tiefenmesser zeigt 0,0… Wir sitzen quasi auf.

Als wir in der Approach waren, gestern Abend, haben wohl alle anderen einheimischen Segler hier das Hochwasser genutzt, um raus zu fahren. Wenigstens mal drei Stunden segeln, dachten sie. Und so war da draußen ein Gewimmel an Jollen, großen Seglern, Trimarane und Kats…. Kreuz und quer sind die da rumgeflitzt, wie die Ameisen. Ich mit meinen 2 Metern Tiefgang konnte nicht immer so ausweichen wie ich wollte. Komische Situation. Und dann direkt vor dem engen Einfahrtkanal ein riesen Bojenfeld mit Motorbooten der Einheimischen. Im Slalom durch und dann den Kanal entlang mit einer Gesamtbreite von, sagen wir mal 7 Metern? Spannend, weil die BEFANA immerhin 4,25 Meter breit ist. Die Fahrwasser-Betonnung lässt auch sehr zu wünschen übrig.

Die Hafeneinfahrt selbst − 2 Mauern rechts und links, 4 Meter hoch mit einer Durchfahrt von ca. 6 Metern. Und gleich dahinter muss man einen Bogen fahren. War ich froh, als wir drin waren. Wir bekommen einen Liegeplatz für Yachten bis 10 Meter. Ich hab aber 14 Meter und mein Hintern guckt entsprechend 4 Meter in das Fahrwasser. Aber die Insulaner hier sind alle tiefenentspannt. Jeder grüßt freundlich. Eine deutsche Yacht kriegen die hier nicht alle Tage geboten.

Der Hafenmeister kommt mit angelegter Schwimmweste persönlich an den Steg, bringt Infomaterial über die Gegend, hat die Chips für die Duschen dabei und wünscht uns einen schönen Aufenthalt.

„Griechen, Kroaten, Franzosen und Italiener… da könnt Ihr Euch 'ne Scheibe abschneiden!"

Ansonsten alles gut. Heute Hafentag wegen Reparaturen und Starkwind und morgen geht's zum Etappenziel Southampton. Bin gespannt.

Logbuch 12.05.2018, 22:33   Etappenziel Southampton

Der Weg von Portsmouth nach Southampton sieht auf der Seekarte gar nicht so weit aus. Dennoch haben wir am Abend 30 Meilen auf der Logge. Guck mal an… Es geht durch betonntes Fahrwasser, um Untiefen herum und wir müssen den Großen mal wieder die Vorfahrt gewähren. Aber wir können segeln. 5 Stunden ohne Motor und wir kommen unter Segeln fast bis vor die Tankstelle.

Das ist doch was, oder? Elli freut sich. Bei 18 – 22 kn achterlichem Wind rauschen wir mit 6 – 7 Knoten über den Teich.

In Southampton angekommen. 3. Etappenziel ohne nennenswerte Schäden erreicht. Wir fahren unter Maschine in die riesige Bucht ein. Das Fahrwasser ist gut betonnt und große Schiffe, Fischer und andere Segler fahren rein und raus. Eigentlich kommen in der Bucht 3

Flüsse zusammen. Unter anderem der Hamble River. Aber von der Strömung dieser Flüsse ist nicht viel zu spüren. Die Gezeitenströme sind wesentlich stärker ausgeprägt als deren Fließgeschwindigkeit und so kommen wir zügig voran.

Wir müssen tanken und entscheiden uns für die Tankstelle in der Hythe Marina. Eine Schleuse und ein riesiges Holztor bewahren die Marinabenutzer vor dem Trockenfallen. Funkruf an den Schleusenwärter, er öffnet das Tor, wir fahren rein, Tor wieder zu, dann werden wir ca. 1,5 Meter hoch gehoben und fahren in die Marina hinein. Nur zum Tanken. Rückweg nach etwa 15 Minuten genauso, nur umgekehrt. Funkspruch, Tor auf, Tor zu, 1,5 Meter runter und auf der Flussseite wieder Tor auf. Jetzt müssen wir nur noch über das Fahrwasser, denn wir wollen in die Ocean Village Marina. 5 Kreuzfahrer liegen da auf der anderen Seite. Die sehe ich. Was ich aber nicht mitbekomme ist, dass der größte davon sich bewegt. Keine Bugwelle ist dort zu sehen. Aber er fährt. Langsam setzt er sich von der Kaimauer ab und jetzt erst kommt sein langer Ton: Achtung – hier komme ich. Da bin ich aber mit der BEFANA schon halb im Fahrwasser. Ich stoppe auf und lege den Rückwärtsgang ein. Da rauscht das 280 Meter lange Stahlmonster schon an meinem Bug vorbei. Knapp, aber reicht. Keine 15 Meter waren wir von dem weg. Der hat uns schlicht nicht gesehen. Toter Winkel. Okay, ich muss beim nächsten Mal vorsichtiger sein.

Das Bugstrahlruder hab ich provisorisch auch wieder hin bekommen. Aber ein neuer Joystick-Schalter muss her. Die rufen ja tatsächlich über 240 Euro für so ein Teil auf. Die spinnen doch. Da is nix dran... Nur Ein/Aus und Rechts/Links...

Hier in der Ocean Village Marina ist der Service wieder mal gigantisch. Nachdem Elli heute sehr früh abgereist ist, hab ich heute Waschtag. Bettwäsche und meine Klamotten. 2 Maschinen und zweimal Trockner. Ich frag den Hafencapitano wo denn die Waschgelegenheit ist. Sagt er doch zu mir: *„Wenn ich meine Zigarette geraucht habe, bring ich Dich hin".* Ich gespannt, wo hin nu? Und wie?

Da fährt der mich doch tatsächlich mit seinem Dieselkutter quer durch die Marina bis vor den Waschsalon. Das wäre zu Fuß bestimmt 1,5 km gewesen. Mit dem Boot lediglich 3 Minuten. Ich will ihm dafür ein Trinkgeld geben, aber er sagt, das gehört hier zum Service. Ich fass´ es nicht. Und das Beste... ich soll ihn anrufen, wenn ich fertig bin und dann holt er mich wieder ab. Der bringt mich tatsächlich mit meinen 3 Klamottentaschen und meinen Einkäufen bis an die BEFANA. Das gibt´s doch nicht. Meine Seele hüpft im Dreieck und mein Knie dankt es ihm auch. Soll mal einer was über die Engländer sagen. Also ich bin begeistert von den Menschen hier.

Am Sonntag kommt die neue Crew. Stephan, ein netter Musiker aus Ober-Ramstadt. Immer einen Spaß auf den Lippen und fast immer gut gelaunt. Der ist super zuverlässig und man kann hundert Prozent auf ihn zählen. Stephan macht mir als Crewmitglied richtig Spaß, vorausgesetzt er hat seinen Handyklingelton geändert. Bei seiner SKS Prüfung, auf Elba vor 2 Jahren, hatte er tatsächlich „Eruption" von Van Halen drauf. Das war bis zu diesem Törn eigentlich mein Lieblingsstück von Van Halen. Danach aber erst mal nicht mehr. Außerdem kommen noch Sabine und Udo. Ehemalige Kunden und Freunde von mir. Beide das erste Mal an Bord einer Segelyacht. Das wird auch 'ne super Truppe. Mal sehen, wie die beiden Neulinge die Wellen so wegstecken.

In Southampton sind viele andere britische Segler zu sehen, die auch bei schönstem Wetter immer mit Rettungsweste rausfahren. Hier ist der Sitz der Royal Yachting Association. Der Dachverband der Britischen Yachtschulen, ähnlich dem Deutschen Seglerverband. Die Ausbildung hier, zum Royal Yachtmaster Offshore, wäre noch ein Traum von mir. Das erklärt aber auch, warum hier alle sehr vorschriftsmäßig unterwegs sind. Alle auf Ausbildungsfahrt, wie mir scheint. Morgens pünktlich um 09.00 Uhr raus. Abends, zum „Afternoon Tea", alle um 17.00 Uhr wieder im Hafen. Die Disziplin und die Organisation dieser RYA imponieren mir sehr. Da kann sich jede deutsche Segelschule was abschneiden.

Southampton liegt übrigens als nördliche Begrenzung im Solent. Das ist eine Meerenge zwischen der Südküste Englands und der Isle of Wight. Eines der beliebtesten

Urlaubsgebiete der Engländer und eines der begehrtesten Segelreviere der Briten. Schirmt doch die Isle of Wight den Seegang ab, der vom Englischen Kanal aus ansteht.

Montag sind wir aus Southampton ausgelaufen. Das ist hier im Tiefwasserhafen 24 Stunden möglich trotz des Tidenhubs von 6 Metern.

Schöner Segeltag bei schönem Wetter, aber es ist ziemlich kalt unterwegs. Meine beiden neuen Mitsegler und Stephan haben dennoch gute Laune, wie es scheint. Wir segeln mit 15 bis 20 Knoten Wind aus raumschots und bewältigen die 17, 6 Seemeilen in nicht mal 3 Stunden. Unser erstes Ziel an diesem Abend ist Yarmouth. Ein schöner, kleiner Hafen mit guter Infrastruktur. Nette Engländer wie überall, die einem bei allem möglichen hilfsbereit zur Seite stehen. Wir bekommen, trotz dem der Hafen voll ist, einen Liegeplatz am Tankstellensteg. Wasser und Strom gibt es hier überall. Jeder, der an der BEFANA mit ihrer deutschen Flagge vorbei kommt, will wissen wo wir herkommen und wo wir hin wollen. Alle sind sehr interessiert. Übrigens ist Yarmouth ein schönes altes Städtchen mit wunderschönen alten Gebäuden. Teilweise aus dem 16. Jahrhundert. Leider ist es noch ein bisschen früh im Jahr und es ist noch nicht so warm. Dennoch können wir unseren Kaffee auf einer windgeschützten Terrasse, in einem sehr gemütlichen Laden, im Ortszentrum nehmen.

Nachdem wir ein wenig durch den Ort geschlendert sind, haben wir uns entschlossen, ein Stück Kuchen essen zu gehen. In dem ersten Café werden wir, wahrscheinlich aufgrund unserer einfachen Segelbekleidung, komplett ignoriert. Wir werden einfach nicht bedient. Also gehen wir in den Ort zurück.

An einem unscheinbaren Laden mit einem Schild bleiben wir stehen. Darauf steht „homemade cakes". Da das Gebäude von außen aber eher Privat aussieht, trauen wir uns erst nicht so recht, die Tür auf zu machen. Einer von uns nimmt die Hände seitlich an die Augen, um ein Blenden zu verhindern und schaut durch die Scheibe der Tür. Da kommt der Besitzer, ein älterer, sehr konservativ gekleideter Herr. Er öffnet die Tür und fragt, was wir denn möchten. Wir äußern den Wunsch nach Kaffee und Kuchen und er bittet uns in seinem britischen Dialekt höflich herein. Eigentlich wollte er gerade zuschließen wegen der Mittagspause, aber jetzt präsentiert er uns seine Kuchentheke. Hhhmmm, lecker schaut das aus. Einer besser als der andere. Wir geben unsere Bestellung auf und er zeigt uns seine Gartenterrasse.

Ein Garten hinter dem Haus, umsäumt von hohen Nachbarmauern und Zäunen, mit altem Baumbestand und sogar einer Palme. Etwa 5 x 6 Meter ist der Garten groß. Gerda mal Platz für drei kleine Tische. Aber sowas von geschmackvoll und einladend. Der Alte bringt uns Kaffee und Kuchen und erzählt stolz von seiner Frau, die den ganzen Kuchen jeden Tag backt und von der Geschichte des alten Hauses. Er zeigt uns schließlich noch die Räumlichkeiten innen, mit schweren Ledersesseln, barocken Tischchen und riesigem gemauerten offenen Kamin. Auch wenn ich auf so alten Kram nicht unbedingt stehe, aber das hat Scharm und man glaubt, jeden Moment kommt Miss Marple herein.

Die Gezeitenhübe werden jetzt von Tag zu Tag höher, je weiter wir nach Westen kommen.

Zweiter Wegpunkt am Tag darauf: Weymouth. Wir segeln jetzt schon auf dem 2. Längengrad West. Dieser Hafen ist nicht so schön. Langer, langer Weg bis zur Dusche und zum Restaurant, mindestens 800 Meter ist der Hauptsteg lang. Wir liegen am Visitorsteg, ganz dicht an der Einfahrt zum Hafenbecken und jeder Fischer, der vorbei fährt hinterlässt einen ordentlichen Schwell. Aber dieser Schwell sollte noch nicht das Maß der Dinge sein. Es kommt dicker...

Nächster Tag, auf zu den Kanalinseln, dritter Wegpunkt dieser Etappe: Alderney. Die Überfahrt bei weit über 25 kn Wind, kalt, es regnet zeitweise und meinen beiden Neulingen scheint es nicht so gut zu gehen. Sie frieren, können aber auch nicht unter Deck, um sich etwas holen. Ich biete es an, aber sie lehnen ab. Ja, ja, is schon klar – ne? Seekrankheit macht sich breit. Nicht so schlimm wie bei meiner Süßen, aber sie ist da. Ich kann das an den Gesichtern ganz gut erkennen. Na da kann ich auch nicht mehr helfen. Alderney hat keinen richtigen Hafen. Nur ein Bojenfeld hinter einer 10 Meter hohen Mauer. Wir fangen uns eine der Bojen im zweiten Anlauf, was bei dem Seegang hier nicht gerade einfach ist. Stephan und Udo ziehen je eine Leine vom Bojenkopf zur linken und zur rechten Bugklampe der BEFANA und belegen sie dort.

Nach Nordosten ist der Hafen offen. Und wo kommt der Wind her? Na klar, aus Nordost. Meine Mitsegler müssen abends an Land. Die brauchen dringend jetzt mal für ein paar Stunden festen Boden unter den Füßen. Ich rufe über Funk ein Wassertaxi und die nette Dame ist 5 Minuten später da, um meine Crew abzuholen. Als sie nach 23.00 Uhr zurückkommen, erzählen sie von dem abenteuerlichen Anlegesteg dort drüben an Land. Der hat ein Geländer in der Mitte zum Festhalten. Kann ich mir jetzt gar nicht vorstellen. Aber als ich am nächsten Morgen ebenfalls mit dem Wassertaxi in die Stadt fahre, weiß ich warum das Geländer da ist. Der ganze Steg, aus Gitterrosten und Schwimmkörpern, bewegt sich in den Wellen wie ein Rodeo Pferd. Rauf, runter, rechts und links und wieder von vorne und alles gleichzeitig. Ohne Geländer kann man sich nicht auf den Beinen halten. Wir gehen frühstücken und Ich kaufe in einem Seglerladen noch die drei Gastlandflaggen der Kanalinseln. Etikette muss schließlich gewahrt werden.

Die letzte Nacht war echt grausam. Wind um die 25 Knoten aus Nordost, Schwell wie Sau im Hafenbecken und die Schiffe tanzen an den Bojen Lambada. Morgens um halb 5 muss ich doch mal nach den Leinen sehen, es ruckt immer mal wieder ganz ordentlich unter meiner Koje. Aber draußen bei mir alles okay.

Der Nachbar, ein Engländer turnt auf seiner kleinen 28er auf dem Vorschiff rum und will Leinen verkürzen. Da geht der fast in die Fluten, weil er das Gleichgewicht bei dem Getanze nicht halten kann. Mann, das war knapp.

Wir warten auf besseres Wetter und auf schwächeren Wind, denn draußen vorm Hafen türmen sich unheimliche Freakwaves auf, brechende Wellen von mindestens 2 - 3 Metern Höhe. Da muss ich jetzt auch nicht durch. Es wird gegen 12.00 Uhr besser. Also starten wir zum vierten Wegpunkt: Guernsey.

Dieser herrliche Segeltag macht die letzte Nacht wieder vergessen. Abends gehen wir gut essen und alle sind irgendwie erleichtert, dass es vorbei ist mit der Schaukelei.

Am letzten Segeltag. Auf dem Weg nach Jersey. Raus aus Guernsey sehen wir noch Delfine und freuen uns über ihr schönes Spiel im Wasser. Große Tümmler, bestimmt über 2 Meter lang. Mindestens 5 - 6 Stück spielen mit den Bugwellen eines vorbeifahrenden Motorbootes. Schönes Schauspiel.

Super Segeltag mit halbem Wind bis vor den Hafen von Jersey. So muss das sein. Die Hafeneinfahrt ist gespickt von kleinen Felsen und wir müssen gut aufpassen, wo wir lang fahren. Aber es geht alles gut. Wir klemmen uns hinter eine einfahrende Yacht und kommen so gut durch die unzähligen Untiefen. Warten am Visitor-Steg auf das Hochwasser. Die Yachten liegen im 6er Päckchen und schauen alle gebannt auf die Anzeige und die Ampel. Tidenhub hier: über 11 Meter. Bei einem Wasserstand von 7 Meter über Kartennull können wir rein. Stufe ist 4,80 Meter hoch. Jersey ist das Paradies. Billige Zigaretten, noch billigerer Rum und der Liter Diesel kostet unter 50 Cent. Schade, dass der Tank nicht ganz leer ist. Die Lokale hier sind auch der Hit. Nobel ausgestattet, hervorragende Speisekarte und der Kellner legt dir, wenn du dich an einen Tisch setzt, die Serviette auf den Schoß. Die Preise sind dennoch sehr human. Liegen etwa auf dem Niveau eines durchschnittlichen Italieners zu Hause. Steuerparadies.

Morgen früh geht's erst mal wieder mit dem Flieger für 4 Tage nach Hause. Die Rückreise Jersey-Frankfurt, auf dem Heimflug gestern – eine mittlere Katastrophe. British Airlines lässt uns um 07.30 Uhr einchecken. Alles gut soweit. Auf der Anzeige steht: Fluginformationen für den Flug nach London (Zwischenstation) erfolgt gegen 09.30 Uhr. „Was?", denk ich. Der Flieger soll doch um 09.10 Uhr starten. Wir warten.

Gegen 09.30 Uhr springt die Anzeige um: „canceled". Na super! Wir fragen am Schalter nach... keine Antwort. Nur: *„wir kümmern uns drum und sagen Ihnen Bescheid..."* Wir warten. Schauen selbst nach Ersatzflügen. Warten, warten, warten...

Wir fragen mehrmals nach. Nix passiert und langsam werden wir nervös. Mittlerweile ist es schon 12.30 Uhr. Die wollen uns auf morgen verschieben.

Ratlosigkeit. Wir versuchen immer noch Ersatzflüge zu finden. Lufthansa von London nach Frankfurt ja, aber Jersey – London - nix zu kriegen.

Jetzt reicht's... es ist mittlerweile 13.15 und ich geh nochmal zum Schalter. Vielleicht sieht man an meiner Gesichtsfarbe, dass ich sauer bin. Ich mach den Typen jetzt rund. Sage ihm, dass das teuer für BA wird, weil wir alle am Montag zur Arbeit müssen. Jetzt kümmert er sich... und findet prompt einen Ersatzflug. Zwar über Dublin – aber er bucht. Und keine halbe Stunde später sitzen wir im Flieger. Da ham se aber Glück jehabt. Dennoch werden wir versuchen BA noch ein bisschen zu ärgern.

Zu guter Letzt haben die mir bei der Sicherheitskontrolle noch Barbaras Adernendhülsenzange abgenommen. Die spinnen ja. Hätte ich notfalls lediglich dem Flugkapitän einen Zahn mit ziehen können. So ein Ärger... Donnerstag, zurück nach Jersey, will ich Zug fahren... und? Die Franzosen streiken am Donnerstag.

Na jetzt hab ich ja Übung mit verzögerten Reisezeiten. Auf Jersey kommen Carsten und Claudia vorbei, um sich die BEFANA auch mal anzuschauen. Carsten hat ein Auto gemietet und so fahren wir 2 Tage über die Insel.

Samstag drauf kommen Sven und Simone wieder. Wir sind voll im Zeitplan. Ich bin begeistert, denn beim Segeln und bei dieser langen Strecke und überhaupt, kann schon das eine oder andere schief gehen. Oder das Wetter spielt nicht mit. Aber bis jetzt alles im Lot.

24.05.2018, 09:40   Zurück nach Jersey- zur BEFANA

Ich sitze am Donnerstag im ICE nach Paris. Leider hab ich aufgrund einer technischen Störung den frühen ICE verpasst. Heute Abend will ich wieder auf der BEFANA sein. Auf Jersey. Da bin ich jetzt aber mal gespannt, wie mein Reisetag so verläuft. Sämtliche Widrigkeiten, die einem widerfahren können, streifen heute meinen Tag.

Erst die 18 minütiger Verspätung des Regionalzuges und dann noch der Eisenbahner Streik in Frankreich. Aber ich bin zuversichtlich, dass ich das hinbekomme. Man wächst ja schließlich mit seinen Aufgaben.

Eigentlich ist Zugfahren ja vollkommen entspannt, wenn alles klappt. Man kann Kaffee trinken, sich die vorbeiziehende Landschaft ansehen und natürlich im PC rumtickern. Meine Freunde, die schon auf Jersey sind, möchte ich heute Abend noch treffen. Wenn alles klappt, bin ich um 19.00 Uhr auf der Insel.

Sven und Simone reisen morgen. Hoffentlich klappt bei denen alles besser und hoffentlich kommt heute noch mein heiß ersehntes Ersatzteil für das Bugstrahlruder. Der Lieferant hat mir zwar versprochen, dass es gestern kommen sollte. Passiert ist nichts. Wenn das Teil heute noch mit DHL kommt, könnten die beiden es mitbringen und die BEFANA wäre wieder voll manövrierfähig.

Doch ich bin ja Berufspirat, und so kriege ich die An- und Ableger zur Not auch ohne das Bugstrahlruder hin. Aber bequemer wäre es schon.

Morgen ist dann Wasch- und Putztag aufem Kutter. Einkäufe stehen an und so wird das morgen bestimmt auch ein 8 Stunden Arbeitstag. Samstag noch ein paar Vorbereitungen, Besprechungen mit Sven und Simone wegen der kommenden 2 Wochen und dann geht es Richtung Brest. Das Wetter soll ja ganz gut werden.

Logbuch 26.05.2018, 20:08   wieder manövrierfähig

Seit Donnerstag also, bin ich wieder auf der BEFANA. Alles super. Ich fühl mich wohl auf meinem Schiff. Bin hier zu Hause.

Samstagmorgen sind Sven und Simone hier aufgeschlagen. Schon relativ früh hab ich Sie, von der Kaimauer aus, auf der anderen Hafenseite gesehen. Sven hat das Schaltpanel für das Bugstrahlruder dabei – und? Eingebaut und geht. Da sachste nix mehr. An mir ist halt doch ein Ingenieur verloren gegangen. Hab ich doch den Übeltäter eindeutig entlarvt, nachdem ich das halbe Schiff auseinander genommen habe. Das Steuerkabel habe ich vom Vorschiff, durch mein Bad, unter der Sitzbank, hinter der Schalteinheit für das gesamte Schiff, bis zum Steuerstand verfolgt. Jetzt weiß ich wenigstens, wo das lang läuft und dass es in Ordnung ist. BEFANA ist jetzt wieder voll manövrierfähig.

Morgen bleiben wir noch hier in St. Helier auf Jersey, denn Simone und Sven wollen mit dem Bus fahren. *„Warum eigentlich hier? In Iwwero gibt´s doch aach en Bus..."* Spaß. Natürlich wollen sie sich die Insel angucken. Ich bleib mal hier und bewach das Boot.

Am Montag geht´s dann weiter und zum zweiten Mal laufen wir im Verlauf unserer Reise in Frankreich ein. Freu mich schon auf frisches Baguette, Käse und Weinchen. Einen kleinen Vorgeschmack auf die Franzosen verschaffen wir uns noch auf Jersey. In einem kleinen Bistro gibt es einen leckeren Chardonnay und als Snack Jersey Cheese und Continental Cheese. Hübsch dekoriert und sehr lecker.

Antifouling streichen bei Jos in der Werft

Die letzte Saison in Warns am Ijsselmeer

Innen ist unser Schätzchen gut in Schuss

Abreise aus dem Yachthafen Pyramide

Die erste Schleuse

Stande Mast Route

BEFANA in Volendam

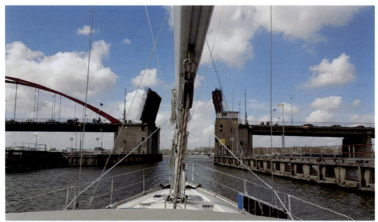
Brücken ohne Ende

Tulpen und Käse in Amsterdam

Wir haben fast immer Vorfahrt vor den Autos

Wegbegleiter durch Amsterdam

Sonnenaufgang bei Rotterdam

Wegweiser auf dem Wasser

Morgenstimmung in den Kanälen

Braassemermeer

Stadthafen von Dordrecht - ganz schön eng

Gute Kleidung heißt gute Laune...

Ebbe im Hafenbecken

very english weather

Leuchttürme

Flaute im Kanal

Marina Dover - das Labyrinth

BEFANA in Waymouth   Dover blue

Hafenschleuse Eastbourne

Seehunde sind tiefenentspannt

Isle of Wight

Hafenansteuerung Jersey bei Niedrigwasser

Vor der St. Helier Marina. Warten auf Hochwasser

Jeder hat seinen Bezug zum Meer

Niedrigwasser

Café les bleus

natürliche Patina

Kulinarische Köstlichkeiten

Perros Quirec, wie eine gemauerte Badewanne

Phare de la Vieille

Leuchttürme weisen uns den Weg

Erklärungen vom Skipper

Frankreich/Spanien und der Fluch der Biskaya

Logbuch 28.05.2018, 18:55 On the way
Heute Morgen ging´s endlich weiter. Wir wollen ja schließlich nicht auf den Kanalinseln bleiben. 07.00 Uhr klingelt der Wecker. Denn um 09.30 geht der Gate vom Hafen zu. Das heißt die Schwelle vom Hafen zum Vorhafen wird bei einem Wasserstand von 2,2 Meter einfach hydraulisch angehoben und dann steht auf der Anzeige 0,0. So bleibt bei Niedrigwasser noch genügend Wassertiefe im Hafen übrig, dass die Schiffe nicht aufsetzen.

Also haben wir uns gegen 09.00 auf die Socken gemacht. Ausgelaufen 3 Stunden nach Hochwasser. Erst zur Tanke und den Dieselvorrat wieder aufgefüllt. 130 Liter Diesel für 62 Pfund. Kann der Sprit bei uns nicht auch so billig sein?

Dann bei der Port-Control über Funk abgemeldet und raus aus Jersey. Kompass nach Südwesten ausgerichtet und jetzt sind wir wieder in Frankreich. Saint Quay Portrieux heißt der Hafen. Und mal wieder ein sehr netter Hafenmeister.

Hilfsbereit, spricht fließend Englisch und hat gesagt, wenn das Hafenbüro um 18.00 Uhr schließt, kann er auch zum Schiff kommen, um die Hafengebühren zu kassieren. Wifi-Code und Zugangscode zu den Sanitäranlagen hatte er auch schon dabei. So schön kann´s sein.

Übrigens sind hier alle recht cool unterwegs. Wir werden sogar draußen von den Fischern gegrüßt. Unfassbar. Haben wir so noch nie erlebt. Ansonsten alles in Butter aufem Kutter. Heut gibt´s wieder mal Gulasch vom Capitano gekocht. Da wird die Crew aber reinhauen... Die beiden S´, meine Mitsegler, sind sowieso immer am Essen. Morgens, mittags, abends immer am Futtern, die zwei. Macht aber nix. Ich krieg ja auch immer was davon ab. Hhhmmm... Manchmal kaufen die Lebensmittel ein, die sie selbst noch nicht kennen. Das könnte man ja mal probieren. Und siehe da, die beiden haben echt ein Händchen für leckere Sachen.

Beim Kochen muss man immer ein bisschen improvisieren auf dem Schiff. Der Gas-Backofen funktioniert leider überwiegend mit Unterhitze, oder man muss ihn eben sehr lange vorheizen, dass die Hitze überall ankommt. Der Herd hat nur 2 Kochstellen und das ist manchmal eine Herausforderung, wenn man wie zu Hause kochen möchte. Aber mit ein bisschen Phantasie bekommt man das alles hin. Und wo schmeckt es besser, als im Cockpit einer Segelyacht?

Übrigens, wenn mal jemand mein Gulaschrezept nachkochen will, hier kommt das Rezept für 4 bis 6 Personen. Schmeckt nämlich auch zu Hause gut.

Zutaten:

1 kg Rinderwade oder dezent durchwachsenes Rindfleisch, 1 kg Zwiebeln, etwas Öl zum Anbraten, 1 El. Tomatenmark, ½ Rote Paprika geschält, 1 Ltr. Fleischbrühe, 2 Knoblauchzehen, 1 Tl. Kümmel gemahlen, 1 Tl. Getrockneter Majoran, ½ El. Paprikapulver edelsüß, ½ Tl. Paprikapulver scharf, 1 Streifen Zitronenschale, Salz, Pfeffer aus der Mühle

Zubereitung:

Öl in eine hohe Pfanne oder einen Bräter geben, das Fleisch darin bei mittlerer Hitze rundherum anbraten, danach wieder heraus nehmen und beiseite stellen. Die Zwiebel in Öl glasig dünsten und das Tomatenmark leicht mit anrösten. Das Fleisch nun wieder zu den Zwiebeln geben, die geschälte und klein gewürfelte Paprikaschote zugeben und alles mit der Brühe auffüllen, bis das Fleisch gerade so bedeckt ist. Mit geschlossenem Deckel etwa 3 Stunden bei kleiner Hitze schmoren lassen. Nach etwa drei Stunden den Knoblauch, die Zitronenschale dazugeben und aus den pulvrigen Gewürzen mit etwas kaltem Wasser einen geschmeidigen Brei anrühren (Gulaschgewürz). Diesen jetzt in das Gulasch einrühren und alles mit Salz und Pfeffer abschmecken. Das Ganze noch etwa ½ Stunde durchziehen lassen, Zitrone und Knoblauch wieder entfernen und das Gulasch mit Beilagen servieren.

   Dazu passen Knödel, Kartoffeln oder Spiralnudeln. Guten Appetit.

Rindfleisch und Zwiebeln bekommt man sicher überall auf der Welt. Und die Portion reicht manchmal, aber nur manchmal, für 2 Tage.

Logbuch 30.05.2018, 12:16   Vorm Hafen kein Wasser

Erst ein Stück mit Jöns, (unserem Volvo) getuckert. Dann gutes Segeln für 3 Stunden und dann natürlich mal wieder Wind direkt auf die Nase. Das war aber nur auf den letzten Meter so. Gott sei Dank.

Simone war von dem Gewackel und mit der Welle von hinten nicht so ganz einverstanden und hat ein paarmal ordentlich ins Wasser gespuckt. Die Arme wird doch tatsächlich immer mal wieder seekrank. Aber abends hat das Essen schon wieder geschmeckt. Gut so.

Wir sind in Perros-Guirec, dem ersten Hafen, der tatsächlich nur bei absolutem Hochwasser erreichbar ist. Und das auch nur zur Spring- und Mittzeit. Bei Nippzeit bleibt das Gate 4 Tage geschlossen. Nicht rein und nicht raus…

Um den eigentlichen Hafen herum hat man eine etwa 2,50 Meter hohe Wand gemauert, die bei Hochwasser komplett überflutet wird. Gelbe Stangen weisen einem den Weg, dass man nicht gegen die Mauer fährt. Das Tor zum Hafen hat eine Breite von 5,65 Metern, die BEFANA 4,25 Meter. Das kann bei Seitenwind ja lustig werden. Bei Niedrigwasser bleibt das gemauerte Becken gefüllt und in dem Hafen ist dann genug Wasser für uns und andere. Es bleiben noch 30 – 40 cm unterm Kiel. Na es reicht ja bekanntlich die Handbreit…

Draußen vor der Mauer ist nun alles trocken. Die Fahrwassertonnen hängen an ihren Ketten und liegen auf dem Schlick, Über 5 Seemeilen, das sind fast 10 Kilometer, kein Wasser mehr. Nur noch Land.

Wie bisher immer – alle sehr freundlich. Wir bekommen einen Liegeplatz am Visitor-Quai und sind zufrieden. Morgen gibt es einen Hafentag. Abends gehen wir lecker essen. Muscheln auf bretonische Art, und Crêpes zum Nachtisch. Die 40 Meilen gestern waren schon abwechslungsreich. Interessante Leuchttürme, Kleine fiese Felsen im Wasser, jede Menge Fischer. Man muss schon sehr aufpassen und immer mal wieder die Seekarte studieren, dass man keinen Fehler macht. Dieser Teil der Küste verzeiht keine Nachlässigkeiten. In den Seekarten sind hunderte von Wracks eingezeichnet. Also Vorsicht!

Hafentag. Heute ist draußen Regen angesagt und so schauen wir uns mal das Städtchen hier an. Es gibt wohl einen Markt, auf dem man einiges an bretonischen Leckerchen kaufen kann. Da geh ich jetzt mal hin. Die Händler haben kleine Stände mit frischem Gemüse, Fisch, Käse, Wurst, Wein und so weiter. Man könnte Stunden dort verbringen und sich durchkosten.

Morgen früh geht's weiter Richtung Brest. Erst mal nur bis Roscoff. Der Hafen geht 24 Stunden und Sven und

Simone kennen sich dort wohl aus. Die haben hier in der Gegend schon Landurlaub gemacht.

Logbuch 01.06.2018, 18:11 vorletzte Station vor der Biskaya

Perros-Guirec nach Roscoff. Die Hochwasser werden niedriger. Sprich – Hochwasserhöhen bei Springzeit nur noch so um die 6 Meter. Das macht die Sache einerseits natürlich entspannter, andererseits kann man auch nicht mehr überall reinfahren. Wir brauchen blaue Kartentiefen (wenn Ihr wisst, was ich meine)

Die Überfahrt nach Roscoff war eher unspektakulär. Den ganzen Tag nur ein leises Lüftchen, teils mit Maschine oder mit Segeln kommen wir dank der Strömung von hinten ganz gut voran. Um 15.00 Uhr sind wir bereits da. Neben uns 2 ältere Franzosen mit ´ner 38er Bavaria. Grüßen immer beim Vorbeigehen und wenn sie zurückkommen. Nettes Völkchen. Mal sehen wo die hin wollen. Die beiden haben wir in den letzten Tagen schon mehrfach gesehen.

Abends fahren wir mit dem Taxi in die Stadt. Wenn man sich die Gassen und die Häuser so betrachtet, könnt man glauben D'Artagnan kommt gleich mit seinem Degen aus einem der Häuser gesprungen und fordert einem zum Duell.

Wir gehen am Hafen essen und sind ziemlich enttäuscht, was die Qualität der Speisen angeht. Ich könnte dem Koch schon zeigen wie man eine Entenbrust richtig zubereitet.

Aber dazu kommt es wohl nicht. Na ja. Ist ja auch egal. Legen wir es ab unter der Rubrik: Erfahrungen.

Heute früh sind wir nach Aber Wrac´h aufgebrochen. Leider den ganzen Tag Wind auf die Nase – also mit Maschine gefahren. Angekommen in unserem vorletzten Hafen vor der Biskaya Überquerung. Morgen geht´s nach Brest, einmal durchatmen und Vorbereitungen treffen für die 3tägige Non-Stopp-Überquerung. Hoffen wir auf gute Winde und wenig Wellen…

Ich denke am Montag sollte das Wetterfenster passen, wenn nichts mehr dazwischen kommt.

Logbuch 02.06.2018, 20:17   Auf dem Weg nach Brest

Aber Wrac´h ist ein abenteuerlicher Hafen. Die Einfahrt nur ein paar Meter breit. Links ein Felsen unter Wasser, mit gelben Bojen gekennzeichnet, rechts gleich der Anlegesteg. Also die Hafenmeisterin fährt mit dem Schlauchboot vorne weg, um mir nen Platz zu zeigen, wo ich rein soll.

Ich hoffe, die weiß was sie tut… Mein Schiff ist 14 Meter lang und hat 2 Meter Tiefgang. Die Kurve, die ich rückwärts damit fahren muss, ist geschätzt 240 Grad… Aber dank Bugstrahler krieg ich das gelassen hin. Die Nachbarn kennen wir auch schon aus Roscoff. Nette Franzosen, 2 ältere Ehepaare und der nächste ein Engländer mit einer ziemlich neuen Hanse. Der SEASALTER. Will auch in den Süden. Recht hat er. Wir bereiten die Fender und die Leinen vor, schieben langsam hinter dem Dinghi der Hafentante her und liegen 2 Minuten später sicher am äußeren Steg. Landstrom legen, Anlegebierchen und lecker zu Abend gegessen.

Nächster Morgen dann beim Auslaufen das gleiche Schauspiel nur in entgegengesetzter Richtung, um die 240 Grad-Kurve und ab in das enge Fahrwasser. Hier grüßen wieder alle freundlich, sogar die Fischer, unglaublich.

Heute geht es nach Brest. Ca. 40 Meilen, gegen einen sehr schwachen Wind. Segeln ist nicht drin. Atlantik – spiegelglatt. Nur ein wenig Dünung aus Nordwest. Sanft und gemütlich laufen die riesen Wellen unter der BEFANA durch. Ein langweiliger Tag heute. Jöns schiebt die BEFANA mit sechseinhalb Knoten durchs Wasser. Über Grund laufen wir aber im Schnitt über 8,5 Knoten, denn die Strömung meint es gut mit uns. Langweilig? Nein! Zwei spektakuläre Leuchttürme haben wir ganz aus der Nähe gesehen und auch den Grund, warum die Leuchttürme da stehen. Da sind Felsen im Wasser, die bei schwerer See nicht zu sehen sind. Sensationell, was da von Menschenhand vor ewigen Zeiten ins Meer gemauert wurde. Wind und Wetter ausgesetzt und stehen heute noch. Manche sind 150 Jahr alt und älter.

Zum Beispiel Im äußersten Nordwesten der Bretagne steht nicht nur einer der schönsten, sondern auch der höchste Leuchttürme Europas auf der kleinen Insel bei Lilia/Plouguerneau, ca. 1 sm von der Küste entfernt. Mit einer Höhe von 82,50 Metern wurde er von 1896 bis 1902 komplett aus Granit gebaut und ist damit der höchste aus Naturstein gemauerte Leuchtturm der Welt. Sein kleiner Nachbar steht gleich daneben und begnügt sich damit, das Nebelhorn und die Leuchtturmwärter zu beherbergen. Der "Grand Phare de l'Ile Vierge" ist einer der letzten Leuchttürme, die noch rund um die Uhr persönlich bewacht werden. Die Innenwände sind mit 12500 Kacheln verkleidet. und die Wendeltreppe nach oben hat 350 Stufen.

Wir fahren am französischen Land´s End vorbei. Sehr gefährlich bei schlechtem Wetter, aber heute geht es gut und wir sparen uns einen Umweg von etwa 17 Seemeilen. In der engen, betonnten Durchfahrt liegen unzählige kleine und große Felsbrocken, die wirklich nur bei sehr gutem und ruhigem Wetter zu sehen sind. Etwas Dünung vom Atlantik her, aber sonst spiegelglatte See. Dank meiner Navionics App kommen wir sicher durch dieses Nadelöhr.

Brest ist nicht schön. Eine Industriestadt. Gegen 17.00 Uhr erreichen wir die erste von 3 Hafeneinfahrten. Wir bekommen einen Liegeplatz in der Moulin Blanc Marina. Am Visitor Steg habe ich bei 3,90 Hochwasser zu dieser Uhrzeit etwa 3,80 Meter Wasser unterm Kiel, in der Seekarte steht 1,40 Meter LAT. Hoffentlich reicht das und hoffentlich weiß auch dieser Hafenmeister, was er tut. Gesagt hab ich ihm über Funk, dass ich 2 Meter tief bin. Sven und Simone waren vorhin dort und haben festgestellt, dass da nur eine „Aushilfe" sitzt. Na dann…

Ich lass das Echolot mal besser an. Und siehe da – bei Niedrigwasser sitzen wir mal wieder im Hafenschlamm. Anzeige: 0,00 Meter. Na dann wackelt es wenigstens nachts auch nicht so.

Morgen ist Hafentag, Kochtag, Einkauftag, Besichtigungstag und Waschtag. Tja – wir sind ja schließlich nicht zum Spaß hier.

Sonst auf der BEFANA alles bestens. Wir sind im Zeitplan. Alles funktioniert hervorragend und mit Sven und Simone verstehe ich mich auch gut. *„Basst scho...!"* sagt der Österreicher...

Logbuch 08.06.2018, 14:58   Der Fluch der Biskaya

Die Biskaya... schon schreckliche Geschichten darüber gelesen und gehört. Lastet da vielleicht ein uralter Fluch auf der Biskaya? Oder ist alles nur Seemannsgarn, also Geschichten, die man als Seemann den Landratten erzählt, um sie damit zu beeindrucken.

Naja, ich hatte am Montag den ganzen Tag ein etwas mulmiges Gefühl im Bauch. Obwohl ich sonst nicht ängstlich bin und ja schließlich weiß, was ich tue.

Mit dem gewissen Respekt und der Umsicht eines erfahrenen Skippers hatte ich die ganze letzte Woche schon folgenden Plan im Kopf. Immer wieder im Geiste hinterfragt, und immer wieder zu dem gleichen Schluss gekommen. Montag laufen wir kurz vor dem Abend-Hochwasser aus.

Proviant wurde gekauft, Essen vorgekocht. Das Schiff nochmal inspiziert, vollgetankt. Um 20.30 Uhr Start. Vor uns liegen etwa 360 Seemeilen, also ca. 72 Stunden non Stopp über den offenen Atlantik. Die Überquerung des Festlandschelfs (das ist der Übergang von einer durchschnittlichen Wassertiefe von etwa 80 – 120 Meter, relativ schnell auf 4000 Meter abfallend. Steile Schlucht: Sieht man sehr gut auf Google Earth).

Wenn dort Dünung und Wellen vom offenen Atlantik Richtung Festland laufen, können Brecher entstehen, die mehrere Male höher sind, als die durchschnittlichen Wellen im tiefen Wasser. Für jeden Surfer ist eine hohe brechende Welle eine Freude, für den Segler jedoch bedeutet sie Lebensgefahr. Na gut. Deshalb ja auch mein Respekt.

Aber das Wetter sah für die nächsten Tage ja gut aus. Welle zwischen 1,00 und 1.50 Meter, Wind raumschots bis halb mit Stärken zwischen 12 und 20 Knoten. Das wäre ja super, wenn das so stimmt.

Wir sind guter Dinge. Die Notfallrolle mit Wachplan ist erstellt. Sven und Simone wissen also Bescheid. Notfallrollen, bei Fahrten von mehr als 24 Stunden am Stück, sind ein wichtiger Bestandteil guter Seemannschaft. Kann doch hinterher keiner sagen, er hätte von nichts gewusst. Da steht genau drin, wo die Feuerlöscher sind, wo die Rettungsinsel, die Rettungswesten und, die Lifebelts. Wer ist verantwortlich für den Gashahn, die

Lenzpumpen und die Seeventile. Wer bedient das Funkgerät im Notfall, wie sind die Wachen eigeteilt und einiges mehr.

Unser Wachplan in der Nacht: 20.00 Uhr bis 23.00 Uhr Sven, 23 – 02 ich, dann wieder 3 Stunden Sven und den Rest ich. Dazwischen sollte ein bisschen geschlafen werden. Die Zeiten hat Sven sich aussuchen dürfen, auch wenn er anfangs über die Hundewache von 02.00 Uhr bis 05.00 Uhr etwas gemeckert hat. Einer muss sie ja gehen.

Wetter passt und Jimmy Cornell hat virtuell auch zugestimmt – na dann los. Und ich sag es Euch... Es gibt tatsächlich ein Fluch. Aber der Reihe nach.

Von Brest aus abgelegt, fährt man erst mal ca. 4 - 5 Stunden durch den betonnten „Kanal" bis zur letzten Gefahrentonne, einer West-Tonne. Die steuern wir an. Gegen 23.00 Uhr wird es dunkel. Wir haben schon seit 20.30 Uhr die Positionslaternen an und beobachten das Treiben um uns herum. Schiffe kommen herein, andere fahren raus. Alle schön beleuchtet. Sven und ich sitzen im Cockpit und steuern abwechselnd die BEFANA. Auf dem Radarbildschirm sehen wir eine blaugelbe Wand von hinten auf uns zukommen, schneller als wir. Sie wird uns einholen. Das ist eine riesige Regenwolke, die uns verfolgt und tatsächlich, auf einmal fängt es an zu schütten wie aus Eimern. Mein Ölzeug ist nicht ganz dicht und die Kapuze lässt Wasser durch, wahrscheinlich ist vom Waschen die Imprägnierung raus. Ich friere und muss mir mehr anziehen. Lange Vlieshose unter die Segelhose und darüber Ölzeughose. T-Shirt, Sweatshirt, Vliesjacke und darüber das Helly Hansen Offshore-Ölzeug. Wir fahren mit Maschine und wollen zu der besagten West-Tonne. Mittlerweile ist es stockdunkel. Die ganzen Fischer um uns herum können wir gut sehen, sowohl teilweise real als auch auf dem Radarschirm. Die haben alle genügend Abstand und es kann nix passieren.

Plötzlich – wir sind beide ziemlich erschrocken, ein riesiger, greller Scheinwerfer direkt auf uns gerichtet. Geschätzter Abstand ca. 600 – 700 Meter und kommt natürlich näher. Durch das Blenden des grellen Lichts können wir auch keine Positionslampen von dem mehr sehen. Der war da vorher definitiv nicht. Jetzt ist er höchstens noch 300 - 400 Meter von uns weg und erst jetzt schaltet er seine Positionslampen ein und natürlich grün über weiß. Ein Trawler, Schleppnetzfischer mit voll Speed auf uns zu. Der hat sie doch nicht alle. Der Strahler sollte wohl so ´ne Art Warnung sein. Spinnt der? Ich versuche auszumachen wie sein Grenzkurs ist, um mich vom Acker zu machen, lege die BEFANA um 180 Grad auf Gegenkurs. Aber der Kerl steuert anscheinen auf uns zu. Jetzt erkennt Sven das Backbordlicht von dem und wir drehen schnellstens wieder über unsere Backbordseite ab. Da rauscht er auch schon mit voller Fahrt hinter uns durch. Keine 50 Meter entfernt. So ein Riesen Ar…. Der hätte uns glatt versenkt.

Wir schauen jetzt noch genauer hin in der Dunkelheit. Aber wenn einer seine Lichter nicht an hat, kann man ihn eben auch nicht sehen. Und auf dem Radar erscheint ein 16 Meter langes Fischerboot nur ab und zu, verschwindet aber auch mal für 2 Minuten wieder. Und 2 Minuten können schon ganz schön kurz sein, bei ca. 12 Knoten Fahrt, die er macht. Wir entdecken noch zwei von denen und sind extrem vorsichtig unterwegs. Ein gutes Beispiel von einem verantwortungsvollen Fischer haben wir aber auch noch gefunden. Einer von denen – etwas später – funkt auf Kanal 16:

„*Sailingvessel under Engine, in Position 43°..minutes north, and 004°..mintues west, Speed 6,5 knots, beering... 243°... please keep more distance of our boat....we are on work, please call on channel 16... one, six... over..*"

Ich melde mich mit BEFANA und frage nach dem erforderlichen Abstand. Da meint er 500 Yards seien okay.

Na klar, machen wir. Und auf dem Radar kann ich gut den Abstand einschätzen. Klasse Kerl. So kann´s doch auch gehen, wenn man etwas Rücksicht aufeinander nimmt. Über Funk bedankt er sich sogar noch und wünscht uns eine gute Reise.

Gegen 02.30 Uhr passieren wir die letzte westlichste Gefahrentonne, im Atlantik vor Brest, mit dem schönen Namen „Chaussée de Sein" und setzen Segel. Ab jetzt läuft es. Wir sind im freien Seeraum und es sind keine bis wenige Fischer mehr hier draußen. So gegen 10.00 Uhr morgens sollten wir das Festlandschelf passiert haben. Alles super so weit. Es hört auch zwischendurch mal wieder auf zu regnen. Von Sonne und Wärme jedoch keine Spur. Allen ist trotz guter Kleidung schon ziemlich kalt. Und jeder ist froh, wenn er mal für eine oder zwei Stunden unter die Sprayhood oder nach unten kann.

Wir laufen mit Wind von achtern nur unter Vorsegel bis zu 7 Knoten schnell. Die Strömung setzt noch einen Knoten drauf und so kommen wir zügig voran.

Crew: Sven macht seinen Job sehr gut. Simone steuert auch mal. Aber sie hat ein bisschen Probleme mit dem nach unten gehen. Ein einziger Toilettengang und prompt wird sie seekrank. Wie aus heiterem Himmel. Nicht so schlimm, wie manche anderen, aber ein paar Mal muss sie doch über die Reling. Sven und mir geht´s hingegen gut. Wir haben alle Rettungswesten an und sind mit den Lifelines am Boot gesichert.

Die ersten Nachtwachen laufen nicht so regelmäßig. Keiner von uns kann während der Freiwache richtig schlafen. Und so teilen wir uns das etwas anders ein. Klappt aber auch ganz gut. Die Mahlzeiten jedoch fallen bei allen etwas spärlich aus. Keiner will richtig was essen und so macht sich halt jeder ´ne Kleinigkeit, wenn er gerade Hunger hat. Na dann ist das halt so.

Der Dienstag läuft gut. Die Nacht auf Mittwoch auch im Wesentlichen. Die Übergaben zu den Wachwechseln werden professioneller und wir freuen uns auf die

Dämmerung. Das ist immer ein besonderer Moment, wenn der Tag in die Nacht übergeht. Natürlich fahren wir nachts mit Radar, um nicht mehr in so eine Situation wie mit dem Fischer zu kommen. Aber das geht halt auch auf die Batterien. Die Radarantenne hat immerhin 2 KW. Also fahren wir zwischendurch mal ein Stück mit dem Motor oder lassen Jöns einfach im Leerlauf mitlaufen, um die Akkus wieder zu laden.

Gegen Mittwochabend brennt allerdings am Schaltpanel über dem Kartentisch eine rote Warndiode. Ohweih, die Batterien! Wir machen als erstes die Selbststeueranlage mal aus, schalten das Radargerät auf Stand-by und beobachten dauernd den Ladezustand der Batterien. Bloß nicht in den Keller fahren. Die Maschine läuft jetzt erstmal mit und die Ladekapazität steigt geringfügig wieder an. Irgendwann gegen 23.00 Uhr dringt aus dem Bauch der BEFANA ein ziemlich penetranter Warnton, der auf Tiefentladung des Bordnetzes hinweist. Ich schau auf den Voltmeter und erschrecke. Ladezustand unter 10 Volt. Das ist normalerweise das Todesurteil des Batterieblocks. Wir haben insgesamt 3 Verbraucher-Akkus mit je 140 Ampere und die Starterbatterie, sowie die beiden kleinen vom Bugstrahlruder. Das kann teuer werden, wenn die aufgeben. Ich lese Im Handbuch. Messe den Strom am Laderegler, an der Trenndiode und an den Batterien selbst. Aber mein Gerät, ein einfacher 12 Volt Phasenprüfer, leuchtet. Scheint doch alles zu funktionieren. Wir zerbrechen uns die Köpfe…

Später schalten wir alle weiteren Verbraucher ab. Sämtliche Navigationsgeräte und die Innenbeleuchtung. Es brennen nur unsere Positionslampen und das Kompasslicht. Trotzdem geht die Batterieladung immer weiter in den Keller.

Die BEFANA hat eine Notschaltung, dass wenn die Batterien entladen sind, alle Verbraucher automatisch abgeschaltet werden und nur noch die Positionslichter den Reststrom bekommen. Und das funktioniert auch, soweit ich das kontrollieren kann. Irgendwann geht auch das Kompasslicht ganz aus und nix geht mehr aufem Kutter, außer rot/grün vorne und das Hecklicht.

Aber gegen 03.00 Uhr morgens gehen auch diese fast aus. Stockfinstere Nacht. Kein Mond, keine Sterne, nur dunkle Nacht. Man kann uns nicht mehr sehen. Eventuell auf einem Radargerät, aber ohne aktiven Radarreflektor erscheinen wir auf den Displays als winziger weißer Punkt und selbst der verschwindet ab und zu sogar ganz vom Bildschirm. Der blanke Horror.

Ich hänge die Taschenlampe, die mir Basti mal geschenkt hat, über den Kompass, dass wir wenigstens unseren Kurs ablesen können. Funktioniert auch soweit. Wir legen die Hupe bereit und eine starke Handlampe zum Anstrahlen der anderen und hoffen, dass deren Batterie hält, sollten wir die öfter brauchen. Gott sei Dank haben wir noch unsere Powerbänke, um wenigstens unsere Handys am Laufen zu halten. Navionics weist uns zuverlässig den Weg durch die Nacht. Aber da draußen gibt es Unmengen an kleinen Fischerbooten und natürlich auch Frachtschiffe, die sich, von Süden kommend, ebenfalls diese Route mit uns teilen. Wir starren in die Dunkelheit und können unsere Augen fast nicht mehr aufhalten. Die angestrengte Guckerei macht einen mürbe.

Gegen 04.00 Uhr wage ich den Versuch über mein Handfunkgerät, das mit eingebautem Akku funktioniert, die Küstenwachen zu erreichen, um die wenigstens über unsere Geisterfahrt zu unterrichten. Eine Hoffnung, dass meine Handfunke so weit gehört wird, habe ich nicht wirklich. Die Reichweite des Handfunkgerätes beträgt normalerweise so ca. 1 - 2 Seemeilen mit vernünftiger Transmission, wir sind aber zu diesem Zeitpunkt mindestens 20 Meilen vom Land weg.

„Securité, securité, securité... Spanish Coast Guard, Spanish Coast Guard, Spanish Coast Guard... this is Sailing Vessel BEFANA, BEFANA, BEFANA, Call sign Delta-November-Whisky-Oskar. Do you read me? Over!"

Und tatsächlich... beim 2. Versuch meldet sich Coruna-Traffic. Nette Menschen dort am anderen Ende. Nach Bekanntgabe unserer aktuellen Position, unseres Kurses und unserer Geschwindigkeit, erkläre ich ihm, dass wir totalen Stromausfall auf der BEFANA haben. Kein Licht, keine Navi-Instrumente, nix mehr.

Er fragt mich obligatorisch ab. Schiffslänge, Farbe des Rumpfes, des Aufbaus und wie viele Personen an Bord sowie die ca. ETA (Ankunftszeit für La Coruna). Fragt ob wir Schlepphilfe benötigen oder Begleitung. Nein brauchen wir nicht. Aber eine Securité Meldung für alle anderen Schiffe wäre nicht schlecht. Macht er prompt und nach ´ner halben Stunde ist keiner mehr wirklich um uns herum. Wir können die Fischerboote beobachten, wie sie immer mehr Abstand von unserer aktuellen Position nehmen. Der freundliche Herr von La Coruna Traffic wünscht uns alles Gute und bedankt sich sehr für die Information unseres Blindfluges. Wir sind erleichtert. Gut dass ich das kleine ICOM habe, übrigens ein Geburtstagsgeschenk von meiner Süßen.

Gegen 08.30 Uhr machen wir in La Coruna, in der Marina des Real Club Nautico, fest. Alle sind geschafft und froh dass der Ritt ein Ende hat. Und der Fluch der Biskaya uns am Leben gelassen hat. Es regnet in La Coruna und es ist zu kalt. Nur 15 Grad.

Nachdem wir jetzt alle mal richtig ausgeschlafen haben, war heute ein Techniker namens Pablo da und hat die Ladeeinrichtungen durchgemessen. Der Übeltäter ist gefunden. Der Laderegler zwischen Lichtmaschine und Batterien hat ´ne Macke und lädt nicht mehr. Das Bauteil ist relativ neuwertig und hat noch nicht wirklich viel leisten müssen in seinem Leben.

Ich bin ja nicht abergläubisch. Aber die verfluchte Biskaya hat schon was Mystisches. Spuky... sowas.

So heute haben Sven und ich die BEFANA vom Salz der Biskaya befreit und der Fluch ist hoffentlich vollständig von unserem Schiff abgewaschen. Ab jetzt kann's dann auch gerne mal wärmer werden. Wir fahren ja schließlich Richtung Süden.

Trotz aller Strapazen hatte die Überfahrt auch schöne Seiten. Mehrmals am Tag hatten wir Delfine direkt bei uns am Boot. Die freuen sich anscheinend über jede Art von Gesellschaft. Springen durch die Luft und tauchen unter dem Boot hindurch, Springen wieder und wieder durch die Bugwelle oder lassen sich hinter uns herziehen. Sehr geiles Schauspiel und immer in Schulen von etwa 80 bis 100 Tieren.

La Coruna nach Lissabon

Übrigens hat La Coruna auch einiges zu bieten, schon bei der Einfahrt in den Hafen.

Der Herkulesturm (span. Torre de Hércules) ist ein römischer Leuchtturm aus dem 2. Jahrhundert. Heute ist er das Wahrzeichen der Stadt und auch im Stadtwappen zu sehen. Der wohl älteste Leuchtturm der Welt weist den Seeleuten seit der Zeit des römischen Kaisers Trajan (um 110 n. Chr.) den Weg. Der Basiseckstein zeigt die Inschrift: „MARTI AUG. SACR C. SEVIVS LUPUS ARCHTECTUS AEMINIENSIS LVSITANVS.EX.VO" die wohl dem Gott Mars gewidmet ist.

Unter dem spanischen König Karl IV. wurde der Turm in den Jahren 1788-1791 von Eustaquio Giannini (1750-1814) restauriert. Dabei erhielt das Bauwerk eine klassizistische Umhüllung. Er ist der weltweit älteste noch in Betrieb stehende Leuchtturm, ist ca. 55 Meter hoch und steht auf einer Höhe von 112 Metern. Ausblicke auf den Atlantik kann man genießen, wenn man die 242 Stufen hinaufsteigt.

Etwa 2 km südlich befindet sich der Hafen La Coruna. Seit Ende Juni 2009 ist der Herkulesturm als UNESCO-Weltkulturerbe anerkannt.

La Coruna liegt in der Provinz Galizien, die bekannt für ihre gute mediterrane Küche ist. Und günstig soll es angeblich sein. Da ziehen wir doch am vorerst letzten Abend vor, lecker Meeresfrüchte essen zu gehen. Wir suchen eines der vielen Restaurants aus und ich hab bei dem Chef (spricht übrigens sehr gutes Deutsch) nachgefragt, ob er 'ne gemischte Vorspeise aus Meeresfrüchten für drei Personen machen kann. Macht er... Ich bestelle einen halben Liter Weißwein dazu und dann kommt´s...

Als erstes bringt er 'ne Flasche. 0,75 Liter sind ja schließlich nicht viel mehr als ein halber Liter. Dann fängt er an aufzufahren, 1. Teller, 2. Teller, einer besser als der andere... ich bestelle zwischendurch meinen Hauptgang, ein 250 Gramm Dry aged Entre Cote... dann kommt der 3., 4., 5., 6., Teller. Alles voll mit sehr leckeren Sachen. Das geht so weiter bis ca. zum 10. Teller, bis ich ihn einbremse und sage, dass es reicht. Wir sind pappsatt und ob ich denn das Steak wieder abbestellen kann. Klar, meint er grinsend, hat er sich eh schon gedacht. Na dann ist es ja gut. Ich hätte auch nix mehr rein bekommen. Der Schnaps, ein spanischer Grappa, ging dann wohl noch aufs Haus.

La quenta per favor... 210 Euro für 3 Personen. Na Sven hat ihn noch auf 190 runter gehandelt. Redet mit ihm, woher er so gut Deutsch kann. Da stellt sich heraus, dass er in Darmstadt studiert hat und 3 Jahre in der Göbelstraße gewohnt hat. Die Welt ist ein Dorf. Selten so lecker gegessen. Aber auch selten so gefoppt worden. In 10 Tagen geh ich mit meinen Jungs nochmal hin und dann reden wir vorher übern Preis. Der versteht mich nämlich ganz gut... tsss...

Jetzt aber erst Mal für 10 Tage Heimaturlaub. Dann sehen wir weiter. Gestern dann der Rückflug von La Coruna... Hoffentlich das letzte Abenteuer dieser Art.

Am Abend vorher, auf dem Weg in die Altstadt, sind wir am Taxistand vorbeigekommen, wo angeblich immer Taxen stehen. Man braucht nicht vorzubestellen sagt man uns, das klingt ja gut.

Ich also am Flugtag morgens, ein bisschen knapp mit der Zeit, mit meinem Handgepäck zum Taxistand. Keiner da. Na toll. Ich warte 10 Minuten, 20 Minuten... endlich kommt da ein Taxi vorbei. Ich winke. Er winkt zurück. Ich sehe im Augenwinkel, dass er einen Fahrgast drin hat. Langsam werde ich panisch, weil meine Boardingzeit in 'ner Stunde ist. Und die Fahrt zum Flughafen dauert auch 20 Minuten. Gott sei Dank kommt der Winke-Taxi-Mann zurück und ich bin doch noch pünktlich am Airport. Eingecheckt hatte ich am Vorabend schon online und die Bordkarte auf dem Handy.

Der Flughafen in La Coruna ist so klein, dass ich schnell durch die Sercurity bin. Alles geht gut. Umsteigen in Madrid aber dann nicht mehr so gut.

Flieger ist zwar pünktlich zum Boarding bereit, doch die Franzosen streiken wieder Mal. Die Fluglotsen lassen nur wenige Flieger in den französischen Luftraum. Außerdem toben angeblich in Frankfurt Gewitter. Fazit: 1 Stunde Verspätung.

Sven und Simone haben einen Flug über Lissabon. Die erwischt es schlimmer. Kommen gegen 23.00 Uhr erst nach Hause.

Ich bin wieder in Iwwero. Meine Süße hat mich vom Flughafen abgeholt und wir haben viel zu erzählen. Der Abend wird lang.

Diese Woche gibt´s auch hier zu Hause viel zu tun. Vorbereitung für 3 Crewbesprechungen sind zu treffen, Segler-Info-Tag am Samstag von 17.00 bis 20.00 Uhr und natürlich das Highlight der Woche: Tag der offenen Höfe in Iwwero.

Alle drei Jahre öffnen hier im Ort über 30 Höfe ihre Tore und lassen die Besuchermassen durch Ihre Grundstücke ziehen. Alte Häuser halten alte Geschichten vor und so kommt es, dass viel gefragt und geantwortet wird. Viele der Höfe hier sind schon weit über 300 Jahre alt.

Bei uns gibt´s in der Sailor´s Bar original Painkiller... das ist DER Cocktail aus der legendären Soggy Dollar Bar auf Jost van Dyke in der Karibik, Freu mich auf viele Gäste und abends läuft auch noch Fußball im Fernsehen. Das erste Spiel der deutschen Mannschaft bei dieser WM.

Logbuch 20.06.2018, 14:06   Wieder auf der BEFANA

So, nun bin ich wieder in La Coruna. BEFANA geht es gut. Es wackelt aber ordentlich hier am Steg. Der Liegeplatz ist nicht so gut, denn die Marina ist offen zu der

Hafeneinfahrt von den großen Schiffen und so hüpft unsere Hexe ½ Meter rauf und runter, wenn draußen einer vorbei fährt. Na da können sich die Jungs, die kommen schon mal dran gewöhnen...

Der Flug war übrigens wieder 'ne Katastrophe. Der erste Flieger eine Stunde Verspätung – und der zweite dann logischerweise weg. Der war nämlich pünktlich. Ärger macht sich breit. Und am Serviceschalter von Iberia stehen ca. 40 Leute, die sich erkundigen wollen. Personal: Zwei Personen, von denen einer was arbeitet und der andere nur zuhört.

Gregor versucht die Hotline zu erreichen, doch nichts passiert. Schließlich bekommen wir von einem freundlichen Herrn der Fluggesellschaft dann doch kurzfristig 3 Tickets, für meine beiden Söhne Gregor und Nico – und für mich. Weiterflug um 19.30. Ankunft La Coruna: 21.00 Uhr.

Na, so war das nicht geplant. Fabian und Aaron, die früh morgens geflogen sind, warten sicher schon ungeduldig... Weit gefehlt. Die beiden waren in der Zwischenzeit am Strand, haben schon mal Bier gekauft und natürlich auch davon probiert. Und als Nico, Gregor und ich ankommen, sitzen sie aufem Nachbarboot und unterhalten sich mit zwei älteren Herren einer deutschen Yacht, die die beiden ebenfalls ins Mittelmeer überführen sollen. Die Männer und meine zwei Crewmitglieder haben sichtlich Spaß und amüsieren sich prächtig. Mit was? Mit Bierchen natürlich!

Der Abend ist lang und es gibt viel zu erzählen. Die Jungs sind alle gut drauf und der Törn verspricht gut zu werden. Sowas spür ich.

Heute habe ich Großwaschtag. Zwei Maschinen Wäsche und zweimal Trockner, wie immer bei einem Crewwechsel. Die Jungs gehen einkaufen und Pablo – mein spanischer Monteur war später auch noch da. Klappt doch alles wie am Schnürchen.

BEFANA hat, dank Pablo, wieder ein neues Batterielademanagement und ich hoffe, dass alles wieder funktioniert. Vereinbarter Preis ist bezahlt, übrigens um 20 Prozent günstiger als zu Hause und morgen kann es losgehen. Soll ja laut Wetterbericht ordentlich Wind geben. Bis 25 Knoten sind vorhergesagt. Allerdings von achtern. Das scheint ja dann nicht so schlimm zu sein. Wir werden sehen. Welle und Wind aus westlichen Richtungen wären nicht so gut. Es gibt hier, an der nach Westen offenen Atlantikküste, für die nächsten Meilen keine wirklich sicheren Nothäfen oder gar geschützte Buchten. Man ist bei Weststurm gut beraten im Hafen zu bleiben. Alles andere wäre tödlicher Leichtsinn.

Heut Abend geht´s erst mal lecker Meeresgetier essen und lecker Weinchen trinken. Bin gespannt.

Logbuch 24.06.2018, 11:35   Wind und Welle
Am Donnerstag sind wir gegen 11.00 Uhr los. Erst ein ganzes Stück Richtung Westen und dann nach Süden. Der

Wind nimmt über den Tagesverlauf zu. Bis 35 Knoten Nordwind und richtig hohe Wellen, teils bis zu vier Meter hoch. Diese rollen, von hinten kommend, sanft unter der BEFANA durch. Wir reiten mit bis zu 8,9 Knoten Geschwindigkeit über den Atlantik. Alle sind ganz gut drauf. Keinem wird richtig schlecht. Das ist gut so. Harte Jungs eben.

Fabian steuert die Wellen souverän aus. Am Ruder kommt der Junge gut zurecht, muss man ihm lassen. Das hat er letzten Dezember in der Karibik schon bewiesen. Aber kommunikativ ist Fabian nicht. Er redet von allen am wenigsten.

Abends gegen 19.00 Uhr sind wir in Muxia, einem sehr kleinen Hafen. Es liegen nur 12 Schiffe drin. Der Hafenmeister nimmt unsere Leinen an, weil wir beim Anlegen noch über 20 Knoten Wind haben. Aber die BEFANA lässt sich ja super manövrieren. Wir liegen wie in Abrahams Schoß. 2 Delfine jagen gemächlich in der großen Bucht vor dem Hafen. Wir sehen sie hin und wieder auftauchen, wenn sie Luft zum Atmen brauchen. Die haben es nicht eilig. Sind wahrscheinlich genügend kleine Fische im Hafenbecken, die sich als Futter anbieten.

Freitag geht´s auf nach Muros. Etwas über 35 Meilen liegen vor uns. Der Wind hat nachgelassen und gegen 13.00 Uhr ist auch die Welle weg. Das wird ein super Segeltag, quasi von Hafen zu Hafen... Wir kommen dennoch spät an. Gegen 18.20 Uhr liegt die BEFANA sicher an dem Fingersteg. Doch das Tor, um aus dem Hafen zu gelangen, ist verschlossen. Mal sehen, ob wir zu dieser späten Stunde den Hafenmeister noch antreffen. Tja, der hat zwar schon Feierabend, aber der Fischereihafen hat noch offen und wir bekommen den Code zum Tor und zu den Sanitärräumen.

Abends gehen wir gemeinsam im Ort zum Essen und schauen uns noch das Fußballländerspiel der WM an. Gegen 22.30 Uhr mach ich mich auf den Heimweg und die Jungs wollen sich noch etwas im Ort umsehen. Einer unserer Bootsnachbarn hat ihnen wohl erzählt, dass hier im Ort heute das jährliche Muschelfest stattfindet. Da wäre immer der Teufel los. Wir sehen zwar, dass der Ort geschmückt ist, aber von einem Fest merkt man am Hafen nichts.

Meine Crew findet dennoch die Fiesta im Ort, bei der es wohl richtig abgeht. Die Handy-Videos von den halbbekleideten Tänzerinnen hab ich gesehen. Das letzte WhatsApp Bild kam wohl so gegen 04.00 Uhr in die Gruppe. Na das gibt dann wohl morgen einen Hafentag. Und richtig... der letzte der Jungs wird erst gegen 13.00 Uhr wach. Leider bin ich schon zu alt für solche Nächte, aber meine Crew hatte sichtlich Spaß. Die haben im Ort einen Obolus von etwa 20 Euro bezahlt und konnten damit essen und trinken so viel sie wollten. Schließlich haben sich Gregor und Fabian noch dazu überreden lassen, über das große Feuer dort zu springen. Das soll angeblich Glück bringen und die beiden waren natürlich als Touristen die Helden des Tages, nachdem sie gesprungen sind.

Naja, der Hafentag hat auch was. Wir reservieren uns ´nen Tisch für abends, direkt vorm Fernsehgerät und so können wir ungestört WM beim Essen gucken. Heute geht´s dann nicht mehr auf die Fiesta... Die Jungs müssen fit sein. Wir werden in unserem Zeitplan bleiben und so steht für heute eine Nachtfahrt an.

Logbuch 26.06.2018, 11:06   auf nach Porto

Um 13.00 Uhr legen wir in Muros ab. Strahlend blauer Himmel, 28 Grad. Die Jungs und der Skipper sind gut drauf. Heute ist wenig Wind angesagt, aber wir müssen ja am Freitag in Lissabon sein. Die nächste Crew will ja letztendlich auch pünktlich auf die BEFANA. Bleibt also nix anderes übrig, als mit Jöns, unserem Volvo, 10 Stunden über den Atlantik zu tuckern.

So gegen 14.30 Uhr sind wir etwa 5 - 6 Meilen vor der Küste und der Himmel zieht sich plötzlich zu... Dann sehen wir etwa 2 Meilen vor uns eine Nebelwand. Ich kenne das schon von der Ostsee und aus Kroatien. Aber das hier sprengt alle meine Vorstellungen. In die Wand rein. Null Sicht. Keine 20 Meter. Ich schalte das Radar ein. Wind ist jetzt komplett runter auf unter 2 Knoten.

Innerhalb von ´ner halben Stunde sind alle warm angezogen. Gefühlte 12 Grad sind es noch hier draußen. Ich hasse es... Portugiesischer Sommer, dass ich nicht lache. Was mach ich hier eigentlich?

Ich sehe einen dicken Pott auf dem Radar, versuche herauszufinden wie der heißt. Das funktioniert eigentlich mit Marinetraffic ganz gut. Ich kann ihn finden. Ein Amerikanischer Containerfrachter. Aber er hört meinen Funkspruch nicht. Ich wollte eben nur sicher gehen, ob er mich auch auf dem Radar sieht. Weil die Kurslinie von ihm schon ziemlich dicht an unserer vorbei geht. Man kann das mit der Zielverfolgung des Radars ganz gut sehen. Er hat ziemlich genau 360 Grad Kurs und fährt etwa 20 Knoten schnell. Das bedeutet, die 6 Meilen, die er jetzt gerade mal Abstand hat, schrumpfen in ein paar Minuten ganz schön zusammen. Seine Geschwindigkeit und unsere 6 Knoten machen auf Gegenkurs genau 13 Minuten bis zum „Treffen". Bei einem Abstand von etwa zwei Meilen können wir das Nebelhorn von ihm hören. Seine Position allerdings hätte ich ohne Radar völlig anders eingeschätzt. Der blanke Horror, dieser Nebel… Als das Ungetüm uns passiert hat, also achterlicher als querab ist, wird das Horn sogar noch deutlich lauter. Das ist mir physikalisch ein Rätsel, wenn er nicht nach hinten rausbläst. Bei dem Abstand von etwa einer Meile, den wir jetzt zueinander haben, kann man das dumpfe Hämmern seiner Maschine wahrnehmen. Wer so etwas noch nicht erlebt hat, findet das sicher gespenstisch.

Irgendwann ist er dann weg und jetzt sind nur noch die chaotischen Fischer da. Die Kerle fahren wieder mal wilde Manöver, unvorhersehbar und es scheint, als machen sie sich einen Spaß daraus, in unsere Richtung zu fahren. Wir ändern mehrmals unseren Kurs, um etwaigen Kollisionen aus dem Weg zu gehen. Spätnachmittags wird die Sicht ein Hauch besser, aber der Nebel bleibt nach wie vor. Wir fahren in die Nacht hinein.

Gegen 00.00 Uhr ist es dann stockdunkel. Nix mehr zu sehen, außer auf dem Radar. Wir müssen höllisch aufpassen, dass wir nicht eins von den tausenden Fischernetzen überfahren, die hier überall lauern. Im Reeds Almanac sowie auf Skipperguide wird schon sehr deutlich vor den portugiesischen Netzen gewarnt. Dass es aber in Wirklichkeit so viele sind, hätte ich mir im Traum nicht gedacht. Fährt man über so eine Boje, an der das Stellnetz hängt, und die Leine gerät in die Schraube, ist das Getriebe erledigt.

Die Jungs sind mit Rettungsweste und angeleint abwechselnd auf dem Vorschiff und leuchten unseren Weg mit starken Taschenlampen aus, um Ausschau nach den Netzbojen zu halten. Aber man sieht eben nach ´ner Weile wirklich nix mehr, oder besser gesagt, man kann nichts mehr fokussieren, wenn man länger in die Nacht starrt. Ich kann das verstehen. Außerdem sind die Jungs und auch ich schon ziemlich müde.

Mir fallen immer mal wieder kurz die Augen zu. Mein Bett wäre jetzt ein Traum. Aber ich muss durchhalten. Sekundenschlaf auf dem Schiff ist nicht so schlimm, weil alles doch recht langsam geht und der Autopilot die BEFANA sicher steuert.

Dennoch muss ich jetzt daran denken, was passiert wenn man so einen Sekundenschlaf im Auto kriegt. Da kommen schnell mal hundert Meter Strecke zusammen, die man blind zurücklegt.

Ich hoffe, dass der Nebel sich irgendwann komplett verzieht, tut er aber nicht. Er bleibt die ganze Nacht bis morgens gegen 04.00 Uhr, erst dann lichtet es sich etwas.

Im Skipperguide steht, dass die Hafeneinfahrt von Porto, hier die Marina Douro, bei Westwinddrift gesperrt wird, weil vor der Flussmündung eine riesen Welle steht. Und vor den starken Strömungen wird auch gewarnt.

Um 05.00 Uhr nehme ich etwas Fahrt aus der BEFANA, sodass wir wenigstens erst bei Dämmerung in den Fluss einlaufen. Man kann trotz der herrschenden Windstille (1,2 Knoten) und trotz absolut ruhiger See erkennen, wie sich eine leichte Dünung vor der Einfahrt aufbaut. Hier würde ich bei „Wetter" nicht reinfahren wollen.

Wir passieren das rote Backbord-Hafenlicht und können das steuerbordseitige grüne auch schon sehen. Außerdem gibt es ein Richtfeuer mit Ober- und Unterfeuer. Ich steuere die BEFANA in die Richtfeuerlinie und mache den Autopilot wieder an. Der steuert normalerweise zuverlässig einen kerzengeraden Kurs. Nicht so im Douro River. Die Nase der BEFANA geht im Winkel von 5-10

Grad nach rechts und links. Ich muss wegen der extrem starken Strömung mehrfach nachsteuern.

Um 06.00 Uhr liegen wir fest im Hafen. Bin froh, dass der Tag und vor allem die Nacht ein Ende hat. Am darauf folgenden Tag ruhen wir uns etwas aus und wollen uns in Porto mal ein bisschen umsehen. Vor allem die Weingüter des berühmten Portweins interessieren uns.

Der Weinbau in Portugal gewann bereits unter den Römern an Bedeutung. Aber neue Rebsorten ließ erst Heinrich von Burgund im 11. Jahrhundert pflanzen. Im 13. Jahrhundert wurde im Dourotal der erste Vinho de Lamego produziert, der Vorgänger des heutigen Portweins. 1373 unterzeichneten die Portugiesen mit den Engländern ein Handelsabkommen, das sie berechtigte, für die Lieferungen von Vinho de Lamego vor der britischen Küste Kabeljau zu fangen.

Die Bezeichnung „Porto" für Weine aus dem Dourotal wurde erstmals in Zolldokumenten im Jahr 1678 erwähnt. Heute sind über 80 Rebsorten in der Region Douro zu finden. Rund dreißig davon sind für die Herstellung von Portwein zugelassen und in die Kategorien „empfohlen", „erlaubt" und „toleriert" unterteilt.

Die bedeutendsten Rebsorten zur Herstellung roten Portweins sind Touriga Nacional (gilt als die hochwertigste Portweinrebsorte), Tinta Barroca, Touriga Francesca, Tinta Roriz, Tinta Amarela und Tinto Cão. Weitere Rebsorten sind aber ebenfalls zugelassen.

Weißer Portwein wird hauptsächlich aus den Rebsorten Malvasia Fina, Codega und Rabigato hergestellt. Zugelassen sind aber auch hier andere wie Donzelinho Branco, Esgana Cão, Folgasão, Gouveio, Malvasia Rei, Moscatel und Viosinho.

Wir entscheiden uns dazu, das Weingut Ramos Pinto zu besichtigen. Ramos Pinto ist ein Haus mit Tradition und Geschichte und einer der bekanntesten und angesehensten Namen von Porto. Die Portweine dieses Hauses zählen zu den besten der Welt.

Adriano Ramos-Pinto gründete im Jahr 1880 den Betrieb im Alter von 21 Jahren. Bereits früh erkannte er, dass er nur mit der Kombination aus Qualität und Provokation gegen die mächtigen Portwein-Produzenten eine Chance haben würde. Er galt in dieser Zeit als Lebemensch, liebte die Kunst, den Wein und die Frauen. Marketing betrieb er vor allem mit unbekleideten, weiblichen Schönheiten auf Werbeplakaten, die zu dieser Zeit höchst anstößig waren. Seine Kampagnen waren aber genau deswegen von großem Erfolg gekrönt.

Logbuch 27.06.2018, 20:49   die höchste Welle der Welt
Regattasegler an Bord… Nein. Besser gesagt 2 Diplom-Ingenieure, nämlich Aaron und Gregor, den Wirtschaftsingenieur Fabian und mein Sohn Nico, Feinwerkmechaniker, der sich auch in allen mechanischen Teilen bestens auskennt. Wer sagt denn, dass das eine schlechte Mischung zum Segeln ist?

Der Reihe nach: Dienstag legen wir um 10.00 Uhr in Porto ab. Richtung Figuera la Foz. Das ist der nächste Hafen und auch weit und breit der einzige, den wir anlaufen können. Etwas über 60 Seemeilen sind es bis dorthin. Windvorhersage für den Dienstag: Erst 4 - 6 Knoten, (ich muss gerade lachen, weil die BEFANA erst ab 10 Knoten so richtig in Fahrt kommt. Die 12 Tonnen wollen schließlich bewegt werden) später „auffrischend" auf 7 - 10 Knoten. Windrichtung Nord bis Nordwest. Wir fahren nach Süden. Okay, erst motoren wir ein Stück, weil wirklich nix bläst. Dann gegen 13.00 Uhr kommt die versprochene Brise. Wir setzen Groß und Vorsegel und schleichen uns mit 4 - 5 Knoten über den Atlantik. Keine Welle, die uns ausbremst.

Die Landschaft zieht in Form eines ca. 100 km langen Sandstrandes an uns vorbei. Nix los da draußen. Heißt? Richtig! Den Jungs ist kacklangweilig. Ich kann das an ihren Gesichtern sehen. Mittags essen wir ein paar Spaghetti, die Aaron sehr lecker zubereitet hat und nach dem Geschirr wegräumen kommt wieder diese besagte Lageweile auf.

Wie gesagt. Wir haben etwa 10-12 Knoten wahren Wind von achtern – macht einen scheinbaren Wind von ca. 6-8 Knoten. Wer sich auskennt – nur mit dem scheinbaren Wind kann gesegelt werden.

Ich, als gemütlicher Fahrtensegler, bin mit den erreichten 4,6 Knoten Fahrt im Schiff durchaus zufrieden. Die

Strömung setzt noch einen Knoten drauf. Also kommen wir doch ganz gut voran, denk ich. Nicht so meine Jungs..

Die Blicke der beiden Ingenieure schweifen durch das Vorsegel und das Großsegel, auf sämtliche Leinen und alles was sich sonst noch auf der BEFANA bewegen lässt. Und ich ahne schon was kommt.

Aaron fragt, ob man nicht was optimieren könnte an den Segeln. Und Gregor nimmt den Bootshaken und hält damit unser Genua Segel etwas nach außenbords.

Jetzt sind sie alle 4 angefixt. Es wird kreuz und quer diskutiert, was man verbessern könnte und schon geht der Stress los.

Kann man nicht... und was wäre wenn... wieso geht das so und nicht anders... Ich werde gelöchert und muss schließlich nachgeben...

Ich kriege auch versprochen, dass die Jungs alles wieder so zurückbauen, wie es war. Heißt im Klartext: Die vier bauen innerhalb einer halben Stunde das ganze Schiff um. Das Großsegel wird rausgelassen bis an die Salinge, das Vorsegel mit dem Spinnakerbaum ausgebaumt und an sämtlichen Leinen gezogen und wieder gefiert...

„Hast Du nicht ein Buch über Segeltrimm?" Hab ich. Zack, ist es oben im Cockpit. Jeder wirft einen kurzen Blick rein und schon geht die BEFANA auf über 6 Knoten Fahrt. Mit scheinbarem Wind von 7. Ich glaub's jetzt nicht. Die haben doch alle vier überhaupt keine Ahnung vom Segeln und kitzeln tatsächlich den letzten 10tel Knoten Fahrt raus. Na

ja, ich hab dann letztendlich wieder meine Ruhe. Die Jungs sind beschäftigt und glücklich, dass sie was zu tun haben.

Gegen 21.00 Uhr laufen wir in Figuera la Foz ein. Ich funke den Hafen an. Keine Antwort. Ich rufe an. Keiner geht ran. Na gut. Irgendwie werden wir schon nen Liegeplatz finden. Und wir finden einen. Aber kein Hafenmeister mehr da. Das Tor vom Steg in die Freiheit ist zu. Von innen und von außen. Das Restaurant zum Greifen nah. Keine 20 Meter. Aber wir kommen nicht raus. Am Steg in der Nachbarschaft hab ich ´ne deutsche Yacht gesehen. Gregor muss hin und fragen. Prompt sagt der nette Eigner, wir können seinen Chip haben, er legt sowieso morgen sehr früh ab. Also raus aus der Marina, rein in das nahe Restaurant.

Die Empfehlung des Hauses: Kalbs-Kotelett vom Grill. Riesen Dinger. Mindestens 800 Gramm pro Stück. Mit Reis, Gemüse, Pommes bis der Arzt kommt und das für 15 Euro. Pappsatt gehen wir um 23.00 Uhr nach Hause.

Müssen Mittwochmorgen früh weg, denn um 15.00 Uhr Ortszeit ist Fußball angesagt. Das wollen wir unbedingt sehen und wir haben 35 Meilen vor uns. Um 08.00 Uhr legen wir ab, nachdem ich vergeblich versucht habe den Hafenmeister nochmal zu erreichen. Fehlanzeige. Also liegen wir ´ne Nacht umsonst, haben einen geschenkten Chip und Strom für lau. Ich sag dazu nix mehr.

Heute geht es nach Nazaré. Der Ort ist mittlerweile weltbekannt in der Surfer-Szene. Dort gibt es im Idealfall sensationelle Bedingungen für Surfer.

Die Atlantikwelle, die sich hier bricht ist, bei entsprechender Konstellation aus Wind und Dünung, eine der größten surfbaren Wellen der Welt. Nazaré liegt etwa 120 Kilometer nördlich von Lissabon und der eigentliche Surfer Hotspot befindet sich etwas nördlich der Ortschaft Nazaré, nahe bei einem Felsvorsprung. Die Welle bricht einige hundert Meter vor dem Strand.

Die ungewöhnliche Höhe dieser Wellen kommt aus geologischen Gründen zustande. Im Meeresboden vor der Küste gibt es einen Canyon. Eine etwas über 200 Kilometer lange Schlucht mit Wassertiefen von knapp 5000 Metern. Das Ende der Schlucht liegt einige hundert Meter vor der Küste von Nazaré. Durch die Kombination aus den extrem unterschiedlichen Wassertiefen, gemeinsam mit der Strömung um den besagten Felsvorsprung, ergibt sich bei entsprechender Dünung eine brechende Welle von weit mehr als 20 Metern Höhe.

Am 1. November 2011 war es Garrett McNamara, ein Amerikaner, der eine über 23 m hohe Welle surfte. Das war bis zu dieser Zeit die höchste, jemals gesurfte Welle. Die Höhe wurde von der Jury des Billabong XXL Award bestätigt. Garrett McNamara erhielt daraufhin für seine vor Nazaré gesurfte Welle einen Eintrag im Guinness-Buch. Zwei Jahre später wurde der Rekord an der gleichen

Stelle wahrscheinlich mehrfach übertroffen, auch wenn eine offizielle Bestätigung hierfür nicht vorliegt. Sebastian Steudtner, ein deutscher Surfer, erhielt wiederum 2 Jahre später den 'XXL Big Wave Award in der Kategorie „Biggest Wave" für seinen Ritt auf einer 21,6 m hohen Welle vor Nazaré. Aktueller, seit November 2018 bestätigter Rekordhalter, ist jedoch der Brasilianer Rodrigo Koxa mit seinem Surf auf einer 24,38 Meter hohen Welle.

Die extrem hohen und gefährlichen Wellen bei Nazaré haben in der Vergangenheit schon sehr oft zu Unfällen geführt. Seit dem 18. Jahrhundert trägt die Sandbank den Namen: *„Die Bank, die Witwen macht."* Dieser Name soll allerdings aus touristischen Gründen irgendwann geändert werden. Nazaré läuft damit gerade den Surfer-Hotspots dieser Welt den Rang ab. Besonders betroffen davon ist wohl Hawaii.

Also wir sind auf jeden Fall pünktlich hier in Nazaré angekommen, haben den Strandabschnitt der Riesenwellen gesehen und haben vor allem 'ne Kneipe mit Fernsehgerät gefunden. Somit können wir heute Nachmittag in Ruhe Fußball gucken. Das WM-Spiel war dann aber doch nicht so gut für uns und wir wissen jetzt, dass Südkorea nicht nur gute Handys baut, sondern auch einen guten Fußball spielen kann. Herzlichen Glückwunsch. 2:0 für Südkorea, mehr oder weniger verdient gewonnen.

Und morgen geht es auf die vorletzte Etappe kurz vor Lissabon. Windvorhersage: 7-10 Knoten aus nördlichen Richtungen. Uups... da weiß ich ja schon was mir blüht morgen. Viel Spaß Männer und macht mir nix kaputt.
Logbuch 02.07.2018, 11:03 Lissabon
Jaja... mit der Etappe bis „kurz vor Lissabon" war es dann doch nix. Wir hatten am Donnerstagabend schon 67 Meilen auf der Logge. Und das nach fast 10 Stunden Motorfahrt, weil eben wieder mal kein Wind war. Den Jungs war schon wieder langweilig. Aber wir hatten unterwegs auch ganz gute Gespräche. Zeit dafür war ja da.

Drei, vier große Delfine, genauer gesagt Tümmler, haben uns dann noch etwas Spaß bereitet. Sind ´ne viertel Stunde neben dem Boot her geschwommen und haben immer mal wieder, um Luft zu holen, ihre grauen Rücken aus dem blauen Atlantik gehoben. Trotz Ihrer Größe von fast 3 Metern Länge und ihres Gewichtes von etwa 200 kg, sind das sehr grazile Tiere. Die Bewegungen im Wasser sehen leicht aus. Die kurzen Auf- und Abschläge mit der Schwanzflosse beschleunigen die Tiere ungemein und ohne scheinbaren Kraftaufwand auf mindestens 20 Knoten. Sie ziehen Kreise ums Boot, tauchen unter dem Rumpf durch und kommen von hinten irgendwann wieder an, um sich die Menschen da oben an Bord anzusehen. So hat es jedenfalls immer den Anschein, wenn sie sich während des Schwimmens zur Seite drehen und mit Ihren Augen das Vorschiff begutachten, wo 4 Männer mit Handys bewaffnet auf den richtigen Moment warten, ein Foto zu schießen... Ich glaube die sehen uns ganz genau. Eine kurze Kommunikation zwischen den Artgenossen und schon sind sie alle gleichzeitig wieder verschwunden. Ich liebe das.

Also sind wir kurz vor 20.00 Uhr schon in der Ansteuerung des Flusses Tajo, der hier Lissabon quasi in zwei Teile trennt. Ich hatte ja die Hoffnung, gleich den ersten Hafen, auf der Backbordseite des Flusses zu bekommen, die Cascais Marina. Also habe ich von unterwegs aus dort angerufen. Wenn die Mitarbeiter der Marina aber den Hörer abnehmen und man meldet sich auf Englisch, legen sie meisten wortlos und sofort wieder auf. Eine Unart, die ich schon aus anderen südeuropäischen Ländern kenne.

Am Funk sprechen sie doch schließlich auch alle Englisch. Na gut. Ich funke den Hafen an, als ich auf gleicher Höhe bin und frage nach einem Liegeplatz für eine Nacht. Nachdem der Herr am anderen Ende des Telefons wohl im Büro nachgefragt hat, bekomme ich als Antwort, dass nichts frei ist für meine Größe. Die spinnen ja echt hier. Laut Hafenhandbuch gibt es dort etwa 650 Liegeplätze plus 40 Gastliegeplätze. Geschätzt sind aber insgesamt nur etwa 200 Masten drin, was wir so von weitem sehen können. Ich verkneife mir eine weitere Nachfrage, denn ich will ja den Feierabend des Herrn Hafenmeisters nicht stören.

Wir entscheiden uns nach Lissabon rein zu fahren. Mit 6,5 Knoten Fahrt durchs Wasser (was unsere Logge anzeigt) schieben wir uns mühsam den Fluss Tajo hinauf. Strömung des Flusses um die 4 Knoten, die uns entgegen kommen. Wir fahren in Wirklichkeit über Grund (zeigt unser GPS an) 2,6 Knoten. Also kann das noch ein bisschen dauern bis wir ankommen.

Jetzt muss man dazu sagen, dass Lissabon und südlich davon, die Algarve, das Segelmekka der Portugiesen ist. Und alleine Lissabon hat laut Skipperguide wohl 14 Yachthäfen mit einer Liegeplatzkapazität von etwa 6500 Yachten plus ca. 1380 Gastliegeplätze.

Was uns allerdings die letzten Tage auf dem Atlantik aufgefallen ist… es ist nix los. Keiner da. Nur hin und wieder mal eine Yacht, die nach Norden oder nach Süden zieht. Langzeitfahrer und Fahrtensegler, keine Urlauber. Charterboote gibt es hier unten wenige bis gar keine. Wer also liegt auf den Gastliegeplätzen?

In der Zufahrt der Marina Alcantara, für die wir uns letztendlich entschieden haben, werden wir von einem Ausflugsschiff, das direkt hinter uns in den Hafen kommt, nochmal angehupt. Der hat wohl nichts von der Geschwindigkeitsbegrenzung gehört. Na dann lass ich dich mal vorbei, bevor du mir ins Heck fährst. Er hält 2 Meter Abstand beim Überholen für ausreichend. Wenn er meint…

Gegen 23.00 Uhr haben wir es geschafft. Wir sind auf der Suche nach einem freien Liegeplatz in der Doca de Alcantara. Ein Hafen mit dem Charme einer Industrieruine. Hinter einem großen Containerterminal, direkt in Sichtweite zur Stahlkonstruktion der Brücke des 25. April, (sieht aus wie die Golden Gate in San Francisco) Die Autos, die hier 6-spurig Tag und Nacht über die Stahltrasse fahren, hinterlassen einen ununterbrochenen Geräuschpegel. Aber man gewöhnt sich ja an alles, auch an das Donnern der zu verladenden Container, den Fluglärm des nahen Airports und dass Bum Bum Bum der Clubs um den Hafen. Übrigens am Wochenende bis morgens früh um sieben.

Der einzige freie Liegeplatz, den wir auf Anhieb finden, gehört wohl einem Dauerlieger, weil dessen Leinen schon auf dem Steg liegen, sodass der nur reinfahren und festmachen muss. Ist aber niemand da. Der kommt wahrscheinlich auch in der Nacht nicht zurück. Wir bleiben also erst mal hier. Strom angeschlossen, Bierchen aufgemacht. Morgen früh geht´s zum Hafenmeister.

Gregor wird am nächsten Morgen zum Anmelden und Verhandeln des Liegeplatzes los geschickt. Die BEFANA soll ja eine Woche hier bleiben. Bootspapiere und Personalausweise der Crew hat er dabei, wie sich das gehört. Er fragt dort mal freundlich nach und bekommt zur Antwort, dass eigentlich in ganz Lissabon kein Liegeplatz mehr für Durchreisende frei wäre. Wie jetzt?

Nach Bitten und Betteln können wir dann doch erst mal bis nächsten Samstag hier liegen bleiben. Der Eigner des Platzes kommt jedoch tatsächlich am nächsten Tag zurück und wir verlegen die BEFANA auf Anraten des Hafenmeisters um einen Platz nach links. Dieser Steg gehört augenscheinlich der Küstenwache. Na wenn die nichts dagegen haben, auch gut. Die werden uns wenigstens die Fender nicht klauen.

Am Tag nach der Ankunft dann erst mal Putztag für die Jungs. Wasser anschließen und Boot schrubben. Haben sie auch wirklich super gemacht. Das wird aber wohl bei dem ganzen Industriestaub um uns herum nicht sehr nachhaltig sein. Wir werden es sehen, wenn ich am nächsten Freitag wieder hier aufschlage. Übrigens haben Aaron und Gregor den Spibaum repariert und abgeschmiert, das Fernglas repariert und den Schalthebel vom Getriebe gewartet. Sehr gut, Jungs. Danke, ich bin stolz auf Euch.

Abends gehen wir lecker essen. Tomahawk Steaks vom Feinsten. In einem sehr unscheinbaren Restaurant, auf dem Holzkohlengrill wirklich hervorragend zubereitet. Immer ein Steak von etwa einem Kilo für zwei Personen. Ich bin begeistert. Das Fleisch ist der Hammer. Leider klingelt morgen früh um 6.00 Uhr mein Wecker. Es geht mal wieder für 'ne Woche nach Hause.

Die Fliegerei geht mir allerdings dieses Jahr schon ganz schön auf die Nerven. Aber ich bin froh, mal wieder bei meiner Frau zu sein und in Iwwero im schönen Odenwald, erst am kommenden Freitag geht's wieder zurück nach Lissabon. Dann wieder Flughäfen, Sicherheitskontrollen, enge Flieger und vielleicht wieder Verspätungen. Ich hasse es.

Auf dem Weg ins Mittelmeer

Diesmal hat alles super geklappt. Ryanair ist pünktlich in Lissabon gelandet. Der Flug war okay und meine Sitznachbarn auch. Ich also am Freitagmorgen um 09.00 Uhr schon wieder auf der BEFANA. Schönes Gefühl zu Hause zu sein.

Jetzt ist erst mal großes Putzen angesagt. Die Jungs des letzten Törns haben zwar schon mal vorgeputzt, aber der Capitano hat dann doch andere Vorstellungen. Und so packe ich die Bettwäsche und die Handtücher der letzten Crew, meine Klamotten und meine Handtücher und wackele erst mal mit zwei großen Ikea-Taschen zum Hafenmeister.

Auf dem Weg dorthin komme ich an einer Motoryacht vorbei, bei der Qualm aus dem Maschinenraum kommt. Zwei Bootsnachbarn stehen dabei und beraten, was zu tun ist. Der Eigner der Motoryacht ist nicht da. Ich frage, ob sie Hilfe brauchen, aber sie verneinen beide. Also ich weiter zum Hafenmeister. Als ich vom Marina Büro nochmal zurück schaue, stelle ich fest, dass der Qualm mehr wird. Einige Passanten aus der Marina stehen auch schon auf der Pier und beobachten das Spektakel. Wir rufen dann doch mal das Personal des Hafens. Die schauen kurz, jeder schnappt sich zwei Feuerlöscher aus dem Büro und eine Minute später sitzen sie im Hafenboot. An dem Havarist angekommen, kurze Inspektion, anscheinend nix zu machen. Sie schleppen den brennenden Plastikeimer auf die andere Hafenseite, zur Betonpier des Containerterminals, da kann er wenigstens keinen größeren Schaden mehr anrichten. Die Feuerwehr wird alarmiert.

Gott sei Dank ist der Kahn nun weit genug von unserem Steg weg. So eine Kettenreaktion gab´s vor ein paar Jahren schon mal in Macinaggio auf Korsika. Da sind wegen einem Boot 13 andere mit in Flammen aufgegangen. Das brauch ich jetzt nicht wirklich. Ich bin froh, als die Feuerwehr eintrifft und sich der Sache annimmt. 4 Fahrzeuge, Einsatzleitung, Küstenwache, Polizei und Hydrografisches Amt. Alle vor Ort. Mindestens 50 Personen. Das ist ein riesen Aufriss hier.

Okay. Ich geh dann mal Klamotten waschen. Diesmal drei Maschinen Wäsche, dreimal trocknen. Kostet in Lissabon 15 Euro. Alles wieder frisch. Ich bin gegen 16.00 Uhr wieder aufem Boot. Die Motoryacht ist mittlerweile gelöscht und eine Öl-Sperre im Wasser herumgelegt. Alles super gemacht, die Jungs von der Feuerwehr.

Die BEFANA wird von mir nochmal geschrubbt, Bäder geputzt, Küche gereinigt und aufgeräumt – meine neue Crew kann kommen. Samstag gegen 17.00 Uhr laufen Matthias und Norbert ein, Anna und Basti wollten eigentlich auch da sein und schon mal einkaufen. Aber sie kommen erst gegen 21.00 Uhr. Na ja, ist ja auch egal. Wenn wir aber heute noch einkaufen, können wir Sonntag früh schon los. Das wäre gut.

Sonntag dann der erste Schlag Richtung Gibraltar. Einigermaßen guter Wind und wir können fast von Hafen bis zu Hafen segeln. Schade nur, dass Matthias nicht so seefest ist. Das wird bei ihm leider auch die nächsten beiden Tage nicht wirklich besser. So gibt es dann heute nur einen kurzen Schlag und wir kommen erst mal nur bis Sesimbra. Das ist ein sehr merkwürdiger Hafen mit schlechten Sanitäranlagen. Wir verkneifen uns auszugehen und kochen lieber an Bord.

Montag steht dann Sines an. Eigentlich gibt es laut Hafen-Handbuch in Sines nur wenige Liegeplätze. Deshalb haben wir prophylaktisch schon mal telefonisch einen Platz reserviert. Als wir abends dort ankommen, stellen wir fest, da könnten mindestens noch 30 Yachten Platz finden. Der Hafen ist fast leer. Das wiederum ist absolut nicht zu verstehen, denn hier stimmt die Infrastruktur und das Personal ist sehr hilfsbereit und freundlich. Der Tag heute war eher langweilig. Kein Wind, keine Welle nur wieder mal sehr viele Delfine, die unterwegs für etwas Abwechslung gesorgt haben..

Dienstag dann ein langer Tag. 61 Seemeilen liegen vor uns. Wir wollen in die Bucht von Sagres. Die Crew muss heute mal von Hand navigieren und macht das ausgesprochen gut. Die Unterschiede zum GPS sind tatsächlich sehr gering. Trotz schwieriger Sichtverhältnisse zum Land und unruhigem Boot wegen der langen Dünung. Na die haben ja aufgepasst im Unterricht. Basti entpuppt sich als sehr guter Navigator.

Unterwegs habe ich Zeit, backe ein Landbrot aus einer Backmischung und bin begeistert, wie das in dem Gasofen an Bord so funktioniert. Morgen gibt´s frisches Landbrot aus good old Germany. Da freuen sich die Crew und der Skipper. Übrigens klappt die gemischte Crew ganz hervorragend. Mal sehen, wie wir den 10. Tag überstehen. Da gibt es ja erfahrungsgemäß immer Knatsch unter der Crew. Nicht so hier an Bord. Ist das ein gutes Zeichen?

Wir sind in der Ansteuerung auf Sagres. Wind um die 20 Knoten und ich bin gespannt, ob die Bucht da gut geschützt ist. Zum Abendessen hab ich dann auch schon mal was vorbereitet. Und so können wir nach den 61 Meilen, als wir gegen 20.00 Uhr in der Bucht ankommen, auch schon direkt essen. Übrigens sehr schöne Bucht mit einem großen Sandstrand und dahinter hohe Küstenberge. Man liegt wieder mal wie in Abrahams Schoß, trotz der Böen, die ab und zu mit über 20 Knoten hier reinblasen. Morgen wird es bestimmt ruhiger. Übrigens das erste Ankermanöver mit unserem Edelstahl-Pflugschar-Anker, den ich eigentlich nicht mochte. Aber der hält sofort und bombenfest. Gleich beim ersten Versuch.

Sonst auf der BEFANA alles im Lot. Außer, dass die Sikaflex-Fuge am Spülbecken wohl nicht gehalten hat. Ich hab Wasser in der Besteck-Schublade. Das muss ich unbedingt machen, sonst gibt das Holz bald den Geist auf. Irgendwie ist immer was zu tun auf dem Boot. Es reißt nicht ab.

Dann die drittletzte Etappe vor dem Mittelmeer. Es geht nach Vilamoura. Wir sind seit gestern Abend an der portugiesischen Südküste. Ab heute ist Kurs Ost angesagt. Wir kommen Gibraltar näher. Ein herrlicher Segeltag mit gutem Wind und kaum Wellen. Über Funk hören wir immer mal wieder die Pan-Pan Rufe der Portugiesischen Küstenwache. Pan-Pan-Rufe sind so genannte Dringlichkeitsrufe über Kanal 16, dem Notrufkanal des internationalen Seefunks. Dort wird von der Coastguard gebeten nach Gummibooten mit Flüchtlingen aus Nordafrika Ausschau zu halten. Schwer verständlich, dass die sich hier raus wagen. Die Straße von Gibraltar ist nämlich schon sehr dicht von großen Containerschiffen befahren. Die können die kleinen Gummiboote der Flüchtlinge nicht auf dem Radar sehen und wenn so ein Koloss da drüber fährt bleibt nichts mehr übrig.

Vilamoura haben wir am Freitag wieder verlassen. Der Hafen war nicht schlecht. Schöne Sanitäranlagen, netter Hafenmeister und gut geschützt hinter einem riesigen Wellenbrecher. Im Ort war an dem Tag so ´ne Art Jahrmarkt und meine Crew hat sich das dann abends mal angeschaut. Alle kamen zwar spät zurück, nicht jedoch so spät wie die letzte Crew in Muros. Die hatten es ja bekanntlich ein bisschen übertrieben. Aber gut, junge Leute, lass sie doch.

Dann gibt es doch vor Gibraltar noch mal einen längeren Schlag. Um die 90 Seemeilen müssen wir zurücklegen nach Cádiz. Wir haben einen Zeitplan und den müssen wir ziemlich genau einhalten, sonst gibt es vielleicht Verwicklungen mit den Crewwechseln. Morgens tanken wir vorsichtshalber nochmal 60 Liter Diesel nach, weil wir laut Wetterbericht wenig Wind bekommen und erst in Gibraltar den Tank richtig füllen wollen. Und sowas wie in Frankreich mit Barbara passiert mir nicht mehr, dass die Tankstelle zu hat und wir keinen Sprit mehr im Bauch der BEFANA haben. Gas zum Kochen bekommen wir hier aber leider nicht. Na das wird noch reichen bis Gibraltar und wenn nicht, gibt´s halt kalte Küche. Gegen 09.30 Uhr kommen wir los. Und es gibt wider Erwarten einen herrlichen Segeltag, wir schaffen bis zu 8,6 Knoten Fahrt über Grund, als ab Mittag der Wind mit 14 Knoten einsetzt. Wir können bis ca. 2,5 Meilen vor den Hafen von Cádiz segeln. Nachmittags wieder mal eine Delfinschule mit geschätzt 80 bis 100 Tieren. Die bleiben fast eine halbe Stunde bei der BEFANA und zeigen uns ihre Kunststücke.

Gegen 01.30 Uhr in der Nacht liegen wir sicher am Besuchersteg der Rota Marina in Cádiz. Kein Strom am Steg, kein Wasser und zu guter Letzt ist der Security-Mann dort im Hafen ein echter Arsch. Unfreundlich und genervt, dass da jemand noch so spät sein Fernsehprogramm stört. Soll er doch in Rente gehen.

Wir sind froh, dass wir am Freitagmorgen früh wegkommen. Wir frühstücken und los geht´s zum letzten Hafen vor Gibraltar. Nach Barbate in Spanien. Dies ist mehr oder weniger auch nur ein Industriehafen mit einer angeschlossenen kleinen Marina für Sportboote. Unpersönliche und kalte Atmosphäre. In unserer Reihe liegt noch eine deutsche Yacht, die nach Norden will. Die kommen gerade vom Mittelmeer und wollen doch tatsächlich nach Holland. Tja, das gibt´s auch. Kaum zu glauben. Der Skipper hat uns freundlicherweise schon mal vor den Preisen im Mittelmeer gewarnt. Na das kann ja heiter werden, wenn das so stimmt was er erzählt.

Samstag müssen wir früh los. Matthias muss seinen Bus kriegen. Der geht um halb sechs abends ab Gibraltar. Aber das schaffen wir locker denke ich. Strömung hab ich anhand des Reeds Almanac berechnet, das sollte gegen Mittag dann passen. Windvorschau und so weiter sieht auch nicht schlecht aus. Na da kann ja nichts mehr schief gehen.

Um 09.00 Uhr legen wir ab. Underway to Gibraltar. Am Anfang schiebt uns Jöns geduldig durch die herrschende Flaute. Wir müssen noch ein Fischzuchtgebiet umrunden. Dann setzt die Strömung ein und auch der vorhergesagte Wind. Delfin-Shows begleiten uns mal wieder und wir haben richtig Spaß. Der afrikanische Kontinent ist hier zum Greifen nahe. Keine 15 Seemeilen und wir können gut die Stadtkulisse von Tanger in Marokko ausmachen, sehen die hohen, schroffen Berge hinter der Nordafrikanischen Küste.

Ab um die Ecke in die riesige Bucht von Gibraltar. Alle Großen Pötte liegen hier vor Anker. Mindestens 25 – 30 Stück. Und an fast jedem von denen hat ein kleineres Tankschiff festgemacht, denn die Dicken werden hier von den kleinen betankt. Interessante Sache. Das Schweröl kostet nämlich hier in Gibraltar fast nichts, da hier zollfreie Zone ist und das nutzen viele Reeder wohl aus. Wir melden uns bei der Einfahrt in die Bucht über Funk bei der Gibraltar Port-Control und äußern den Wunsch in die Queens-Way-Quai-Marina zu dürfen. Kein Problem kriegen wir gesagt und schon liegen wir gut geschützt mitten in der Stadt. Rings um die Marina 4stöckige Wohnhäuser. Alles pieksauber hier. 200 Britische Pfund Strafe, wer seinen Hund auf die Kaimauer kacken lässt und es nicht unverzüglich beseitigt. So gehört sich das. Selbst die Pipi-Geschäfte der Hunde werden unverzüglich mit Wasser weggespült. Jeder Hundeführer hat ´ne eigene Wasserflasche dabei.

Matthias kriegt seinen Bus und Roland kommt als neuer Gast zu uns auf die BEFANA. Ich kann Roland schon von weitem an seinem Gang erkennen. Der wohnt zu Hause bei mir quasi um die Ecke. Netter unkomplizierter Mensch. Immer freundlich und immer ziemlich witzig.

Nur manchmal erzählt er ein bisschen viel. Dann muss man ihn etwas ausbremsen. Ansonsten ist die Crew wie immer gut verträglich. Basti hat seinen geliebten Brompton mit dabei. Ein kleines Klappfahrrad für viel Geld. Damit will er zwischendurch ein bisschen trainieren und er bietet sich natürlich auch zu dem einen oder anderen Einkauf an. Am frühen Sonntag will er allerdings ins Ort auf ´ne kleine Trainingstour. Er hat wohl nicht so recht bedacht, dass dieser Affenfelsen hier in Gibraltar auch ein fast uneinnehmbares, strategisches Hindernis darstellt. Das liegt an der Steilheit des Berges und der dazugehörigen Straßen, wenn man die so nennen darf. Eng, kurvig, steil geht es in einer Einbahnstraße auf der einen Seite den Berg hinauf und drüben in Serpentinen genau so steil wieder runter. Irgendwann kommt Basti an diesem Morgen ziemlich platt wieder zurück. Das schöne Fahrrad schiebend. Er hat sich bei der Abfahrt wohl ein wenig verschätzt, was die Geschwindigkeiten bei solchen Gefällstrecken betrifft und ist mit dem Vorderrad auf einen Randstein gekommen. Der wiederum hat den Pneu des Rades zerlegt und jetzt muss er schieben. Armer Kerl. Aber Gott sei Dank hat er sich nicht verletzt. Das hätte auch anders ausgehen können.

Heute, am Montag, können wir erst gegen 12.00 Uhr unsere Wäsche aus der Wäscherei abholen. Also fahren wir mit dem Taxi-Bus mal zu den Affen von Gibraltar. Berberäffchen und Makaken leben dort oben auf dem

Felsen schon seit 1706 erzählt uns der Fahrer. Die Engländer haben sie aus Afrika mitgebracht und hier ausgesetzt. Heute leben dort etwa 200 Stück in 5 Gruppen. Die Legende sagt: Wenn die Affen aus Gibraltar verschwinden, verlieren die Engländer das Territorium. Aber die Affen sind seit einiger Zeit auch eine Plage für die Bewohner von Gibraltar. Immer wieder kommt es vor, dass die Äffchen in Scharen durch die Stadt ziehen, Mülleimer nach Nahrung durchwühlen und Menschen belästigen, ja sogar attackieren. Manchmal müssen Opfer sich im Krankenhaus behandeln lassen, weil sie durch Affen verletzt werden.

Wir haben es mit eigenen Augen gesehen. Die Affen sind frech. Klauen den Touristen auf dem Berg Handys, Geldbeutel und Kameras, um sie dann den Abhang des Felsens runter zu werfen. Ich hab aufgepasst wie ein Luchs, dass die nicht an meine Sachen kommen. Auf halber Strecke kann man noch eine riesige Kalksteinhöhle besuchen. St- Michaels Cave. Die große Halle darin ist mit einer tollen Lasershow ausgestattet und beim Wechsel der Farben sieht man immer wieder andere Licht- und Schattenspiele. Ein sehr beeindruckendes Schauspiel.

Bei der Höhle gibt es einen kleinen Souvenirladen. Dort kaufe ich mir noch eine gibraltarische Gastlandflagge für die BEFANA. Seemännische Etikette muss gewahrt bleiben. Aber diese Flagge stellt sich später als viel zu groß heraus. So viel Etikette wäre dann aber auch wieder übertrieben. Also muss die „Red Ensign" als britische Handelsflagge reichen.

Es ist Sonntag und alle Briten scheinen in die Kirche zu gehen. Jedenfalls sind sie alle schon am Vormittag fein angezogen, als sie an der Hafenpromenade entlanglaufen. Fast wie in Urk, in Holland. Der Ort am Ijsselmeer, der streng katholisch ist. Dort sind alle Geschäfte und Gasthäuser am Sonntag geschlossen. Hier Gott sei Dank nicht.

Dann kommt der Montag. Früh um 09.00 Uhr fahren wir aus der Marina raus, rechts um die Ecke an der Start- und Landebahn des Flughafens vorbei. Die Flieger, inklusive der Kampfjets, die hier stationiert sind, heben erst kurz vor Ende der Startbahn ab. Diese wiederum endet quasi direkt am Wasser. Im Hafenführer steht, dass man bei Masthöhen über 15 Meter die Port-Control anfunken muss, um nicht von einem startenden Jet den Mast abrasiert zu bekommen. Machen wir und bekommen freie Fahrt. Beim letzten Mal, als ich hier in Gibraltar war, sind die Abfangjäger alle 20 Minuten gestartet und haben für einen Höllenlärm gesorgt. Durch die hohen Berge rundherum wurde der Schall natürlich noch verstärkt. Heute jedoch herrscht Ruhe. Nix zu sehen von der ganzen Kriegsmaschinerie. Wir fahren zur Tankstelle und füllen die BEFANA mit zollfreiem Diesel auf. 156 Liter für keine 100 Pfund.

Gegen Mittag sind wir endlich im Mittelmeer angekommen. Super Segeltag und alle sind glücklich. Abends liegen wir sicher in Estepona an der Südküste Spaniens. Mit 20 Knoten Rückenwind sind wir mit über 6,5 Knoten von Gibraltar hier runter gerauscht. Jetzt gibt´s erst mal was zu essen. Crew wohl auf, Schiff wohl auf… Besser geht´s nicht.

Logbuch 20.07.2018, 12:14   noch 150 sm bis Alicante
Die nächste Etappe geht von Estepona über Fuengirola und Punta del Mona nach Almerimar. Gut 120 Meilen sind es bis hier her nach Almerimar. Und mit jeder Meile wird es irgendwie wärmer. Simone hat schon Recht, wenn sie in meinem Blog schreibt, dass wir ja nun im Warmen angekommen sind. Tagsüber sucht jeder ein bisschen Schatten, denn die Hitze, wenn man direkt in der Sonne sitzt, ist bei wenig Wind kaum auszuhalten. Alle wollten ins Mittelmeer. Also beschwert Euch mal nicht!

Wir sind in Almerimar angekommen. Ein sehr aufgeräumter Hafen mit großräumigen Anlegerboxen, easy einzuparken. Abends gehen wir essen und finden eine Tapas Bar mit einem coolen Typen als Bedienung. Der gibt uns ´ne Tageskarte worauf steht, dass ein Menü mit Vorspeise, Hauptgang, 1 Getränk (Bier oder Wein) und einen Kaffee zum Schluss 10 Euro kostet. Das können wir erst gar nicht glauben. Ist aber tatsächlich so. Und die Qualität der Speisen war auch voll in Ordnung. Mit anderen Getränken zusammen, Kuchen und Schnaps für jeden, bezahlen wir am Ende gerade mal 70 Euro für 5 Personen. Das haut einen um, wenn man die Preise von hier sonst so vergleicht. Anna findet sogar noch ein Schild in dieser Tapasbar. *„Ein halbes Kilo gegrillte Shrimps für 12 Euro"!* Verdient der Typ auch was?

Die Häfen hier sind ansonsten wirklich nichts Besonderes. Alle irgendwie gleich und auch alle irgendwie anders. Mal mitten in der Stadt, mal mitten in der Pampa. Immer ein langer Sandstrand in der Nähe und die Silhouetten der Städte in Beton-Hochbau, mit tausenden von Balkonen, alles in grau. Einkaufen wird in manchen Häfen, schon wegen der steilen Straßen und vielen Treppen bis in die Altstadt, zur Tortur. Die Crew schleppt Essen und Trinken herbei mit großen Taschen und Rucksäcken. Nur ganz selten ist ein Supermarkt gerade mal um die Ecke oder in der Nähe des Hafens. Meine Mitsegler tun mir manchmal Leid.

Aber immerhin bekommen wir jedes Mal einen Liegeplatz. Haben wir uns doch angewöhnt, vorher telefonisch zu reservieren. Und anders als in Italien, klappt das bei den Spaniern hier auch. Nur muss ich manchmal darüber nachdenken, ob die uns bei der Anmeldung am Telefon auch richtig verstanden haben. Wir sagen schließlich immer, dass wir 14 Meter lang sind und 4,25 Meter breit.

In Marina del Mona, 2 Tage vorher zum Beispiel, war der Hafen so eng, dass ich mit den 14 Metern der BEFANA schon gutes Augenmaß brauchte, um in den Liegeplatz zu kommen. Vorne und hinten beim Drehen auf engem Raum gerade Mal geschätzt einen Meter Platz zum nächsten Boot. Also drehe ich nicht vorwärts auf dem engen Raum, sondern bugsiere die BEFANA gleich rückwärts da rein. Die Ladekontrolle der Batterien vom Bugstrahlruder schlägt dabei akustischen Alarm und warnt vor Entladung. Drei Sekunden später geht nix mehr. Zu viel „gebugstrahlt" heute. Morgen ist die Batterie hoffentlich wieder voll. Nur, da brauche ich das Seitenruder nicht mehr wirklich.

Es wird wärmer

Wie ist das denn mit dem Wind hier? Die letzten drei Tage war es so: Wir fahren unter Maschine aus dem Hafen, etwa 2 bis 3 Meilen vor der Küste setzt dann Wind ein. Wahrer Wind 12 Knoten, scheinbarer Wind, je nach unserem Kurs, zwischen 10 und 16 Knoten. Das würde ja zum Segeln reichen. Ich schau mir das ein Weilchen an. Wind scheint stabil zu blasen. Also mit der Nase in den Wind, um das Großsegel zu setzen. Das dauert ungefähr 2 Minuten. Abfallen auf den alten Kurs und jetzt das Vorsegel dazu. Volles Tuch dauert alles in allem ungefähr 20 - 30 Sekunden. Und dann?

Flapp-flapp-flapp… Wind weg, unsere beiden Segel mit insgesamt 120 qm hängen schlaff am Rigg und nur noch die Bewegungen der kleinen Wellen verursachen dieses flappende Geräusch schlagender Segel. Keine 4 Knoten Wind mehr. Fahrt über Grund weit unter 2 Knoten und der Wind kommt den ganzen langen Tag nicht mehr zurück. Immer zwischen 3 und 4 Knoten wahrer Wind. Was soll man denn damit anfangen? Die See ist letztendlich spiegelglatt und kein Lüftchen weht mehr. Ganze 6 Stunden sind wir dann mit Jöns durchs Mittelmeer getuckert.

Wie, kein Lüftchen mehr? Doch! Kurz vor der Marina natürlich. Wir sind gerade dabei die Fender und die Leinen vorzubereiten, da bläst der Wind plötzlich mit 14 Knoten ins Hafenbecken. Genau das ist es, was ich an der Segelei so liebe. Wind wenn man ihn braucht, nicht vorhanden. Und wenn man ihn nicht gebrauchen kann, isser da. Ein Freund von mir war mal kürzlich der Meinung: „Wenn man wirklich öfter segeln geht im Jahr, findet man auch irgendwann mal einen passenden Wind." Wie Recht er hat.

Gestern haben wir mal 2-3 MOB Manöver gefahren. Immer wieder vertörnt sich dabei die Großschot mit dem Traveler der Yacht und die Schotleinen des Vorsegels schlagen beim Loswerfen wie wild um sich, dass man tierisch aufpassen muss, dass sie einem nicht um die Ohren fliegen. Das tut nämlich wirklich weh, gibt blaue Flecken und hat auch schon die eine oder andere Brille oder Mütze über Bord befördert. Basti kennt das schon. Bei der Schlagerei der Schoten ist uns schließlich ein Block am Mast ausgerissen. Die Brocken davon hab ich später an Deck verteilt gefunden. Ein Block – das ist eine meist kugelgelagerte Rolle, die oben und unten einen Deckel hat und die eine Leine in der Spur halten soll, ihr also die Richtung vorgibt. Nix tragisches, aber immer wieder was zu besorgen und einzubauen. Einen passenden Liegeblock, so heißt das Ding richtig, weil es am Mast festgeschraubt ist, finde ich aber bei den ortsansässigen Schiffshändlern

Meeresfrüchteschaufenster

Brückenbau in Porto

Stahlkonstrukt und hohe Wellen

Häuserzeile in Porto

Atlantischer Sonnenuntergang

Portweinkeller. Hier lagern über 1 Million Liter

Bahnhofkacheln Porto

Ein Halo um die Sonne

ausgedient

Blick nach Afrika

Die Affen von Gibraltar

Da kommt was auf uns zu

Sundowner in Südportugal

Anna patriotisch und segeln vor den Bergen

Spaniens Süden

Mallorca und Blick in das Abendrot

Speed auf und in dem Wasser

Begegnungen

Ankern vor Mallorca

Skippers Abend

Leben am Abgrund in Bonifacio

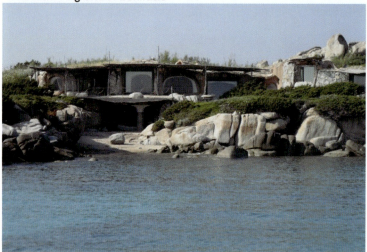

Isola Cavallo/Straße von Bonifacio

Isola Lavezzi und Sturm im Golf von Lyon

nicht. Also im Internet bestellen und nächstens Mal mit zur BEFANA bringen.

Heute geht's weiter Richtung Murcia. Mal sehen, wo uns der nicht vorhandene Wind hinträgt. Ankern in einer Bucht ist heute angesagt.

Gestern, übrigens, bekomme ich eine Mail von meinem Freund Micha. Der ist mit seinem Schiff gerade in Griechenland unterwegs. Die Wohnung daheim ist ihm vor 4 Wochen bei einem Gewitter abgesoffen. Jetzt müssen die beiden ihren Törn abbrechen und nach Hause zum Aufräumen. So ein Sch… -na da wünsch ich den beiden alles Gute und viel Erfolg beim Aufräumen zu Hause. Hoffentlich ist der Schaden nicht all zu groß.

Micha habe ich bei einem von mir veranstalteten Skippertraining kennen gelernt. Das war im Jahr 2012. Mit einem weiteren Mitsegler, dessen Frau und Barbara sind wir damals von Palermo auf Sizilien zu den Äolischen Inseln aufgebrochen. Hafen- und Ankermanöver haben wir geübt, Dabei auf Lipari einen Stromkasten im Anker gefangen und komplett aus der Bodenhalterung gerissen. Tja, das ist zwar nicht die beste Seemannschaft, aber was will man machen? Manchmal passieren halt Dinge, die man nicht vermeiden kann. Letztendlich haben der Micha und ich den Kasten ordentlich wieder auf seinen beschädigten Sockel gestellt und uns vergewissert, dass es niemand gesehen hat. Aber wer soll im April schon da sein? Die Häfen sind wie ausgestorben. Die Italiener sind wohl alle noch im Winterschlaf. Na auf jeden Fall hab ich meinen Mitseglern jeden Tag Vorträge über Seemannschaft gehalten und aus der Welt der Fahrtensegler vorgeschwärmt. Freiheit, Abenteuer, Segeln und (mehr) Meer... und wenn ich dann in Rage bin, kann ich mich selbst so derart da rein steigern, dass es wohl bei Micha einen bleibenden Eindruck hinterlassen hat. Zu der Zeit war er noch tief im Job, in der Nähe von Frankfurt, als IT-Beauftragter einer großen internationalen Firma verwurzelt. Aber das sollte sich ändern. Jedenfalls mussten wir am letzten Tag unserer Segelwoche von der Insel Salina nach Palermo zurück. Das waren so um die 76 Seemeilen und um 16.00 Uhr sollten wir spätestens im Hafen sein. Also standen wir beide, Micha und ich, morgens um 03.30 Uhr auf, machten uns 'ne Kanne Kaffee und liefen gegen 04.00 Uhr aus der Marina aus. Es war im April noch relativ frisch in dieser Nacht. Also kauerten wir, dick in unser Ölzeug eingepackt, im Cockpit, ließen mangels Wind den Autopiloten steuern, redeten über Sinn und Unsinn des Lebens und bestaunten die Licht- und Schattenspiele der Natur an diesem Morgen. Der Sonnenaufgang tat wohl sein Übriges und Micha war infiziert. Später beschreibt er das auf seiner Homepage als Schlüsselerlebnis für seine späteren Entscheidungen.

Nicht mal zwei Jahre später hat er ein Schiff. Seine Firma sourct die Abteilung out, er macht anschließend einen auf psychisch angeschlagen und kommt tatsächlich damit durch. Micha, Micha,... Jetzt hat der doch tatsächlich 3 Jahre vor mir sein eigenes Schiff und geht auf Reisen. So kann´s gehen... Ich schwärme den Leuten was vor und die machen es einfach.

Logbuch 23.07.2018, 12:15   Touristen, Buchten und Funksprüche

Die letzten drei Tage waren eher unspektakulär. Wenig bis kein Wind und wenn doch, direkt auf die Nase. Kennen wir ja schon von anderen Segeltörns aus dem Mittelmeer. Auf etlichen Chartertörns im Mittelmeer sind wir in der Vergangenheit schon mehr motort, als wirklich gut gesegelt.

Delfine gibt es offensichtlich hier auch keine mehr, nur am Horizont zeigen sich ab und zu ein paar Flossen. Es sind nur sehr wenige Schiffe unterwegs. Weder Segler noch Fischer. Also gibt es auch nix zu gucken auf dem großen weiten Meer. Die Küste auch unspektakulär, eine Mischung aus Hochhäusern, Gewächshäusern und braunen, kargen Felsen. Dazwischen mal wieder ein Strand mit bunten Schirmchen und tausenden von Strandtouristen. Nee - so einen Urlaub würde ich nicht machen. Von morgens um 10.00 Uhr am Strand liegen, nen Sonnenbrand abholen und nachmittags in die Bar, dann abends um sieben duschen und ab zum Essen, dann wieder an die Bar und um 02.00 Uhr ins Bett. Morgen das Gleiche wieder und das dann jedes Jahr und immer 2 Wochen lang.

Auch wenn ich nicht unbedingt mit vielen Vorurteilen behaftet bin, man kann diese Art von Touristen ganz gut in den Häfen erkennen. Ihre Kleidung, das Verhalten, die Art wie sie kommunizieren, eben alles. Wenigstens haben sie heute keine weißen Tennissocken mehr an und keine Kameras um den Hals hängen. Hat ja schließlich jeder ein Smartphone und das wird auch fleißig benutzt. Nicht nur zum Tickern, auch zum Fotografieren. Da werden Selfies mit endlos langen Sticks gemacht und man muss aufpassen, dass einem nicht so ein Ding um die Ohren gehauen wird.

  Aber zurück zu unserem Trip. Vorgestern waren wir in der Genuesen-Bucht, richtig heißt sie Playa de los Genoveses. Sehr schön und gut geschützt gegen Seegang. Aber die Fallwinde, die von den Bergen herunter kommen, peitschen mit bis zu 26 Knoten durch das Ankerfeld. BEFANA wackelt ganz schön mit dem Mast. Wir liegen mit 5 anderen Schiffen hier drin, 1 Engländer, 1 Schwede und 2 Franzosen. Bei dem 5ten kann ich die Nationalflagge nicht sehen, aber so klein wie der ist, maximal 28 Fuß, wird es wohl ein Spanier sein. Eigentlich wollte ich das Dinghi mal ausprobieren, aber das wurde nix. Viel zu viel Wind.

  Übrigens muss ich doch nochmal darüber nachdenken, ob es für die Zukunft wirklich ein Rocna Anker sein muss. Die Rocnas sind bekannt dafür, dass sie in fast jedem Ankergrund überaus sicher halten. Mein 25 kg Plastimo Pflugscharanker hält bis jetzt aber auch immer sofort und bombenfest. Der ruckt jedes Mal richtig ein beim Rückwärtsfahren. Das macht ein sehr starkes Sicherheitsgefühl. Auch bei den Fallböen in der Bucht hier hat er keinen Meter nachgegeben.

Morgens war dann Ruhe. Kein Wind mehr und keine Welle. Eine sehr schöne Bucht und Basti war schon mal mit der neuen Schwimmbrille unterwegs. Zum Strand hin und zurück gute 800 Meter. Respekt mein Lieber. Als er zurückkommt, ist er aber dann doch ganz schön aus der Puste. Man unterschätzt sehr leicht die Entfernungen zwischen der Ankerposition und dem Strand.

Am nächsten Tag sind wir unserem Etappenziel für die Tour wieder ein Stück näher gekommen. Mazzaron heißt der Hafen. Wir liegen längsseits direkt vor einem Nachtclub. Ein deutscher Segler, der hier auch in der zweiten Reihe liegt, warnt uns vor unserem Liegeplatz, weil sich da die letzten Tage in den frühen Morgenstunden wohl schon Dramen abgespielt haben, was Beziehungen anbelangt. Heulende Frauen, schimpfende und raufende Männer im Alkoholrausch. Und laut wäre die Musik, bis morgens um 07.00 Uhr. Aber ich will hier an diesem coolen Platz bleiben. Ich denke nach… heute ist Sonntag. Die müssen ja wohl morgen alle wieder arbeiten und können nicht die ganze Nacht feiern. Und so war´s dann auch. Als wir gegen 23.00 Uhr vom Essen zurückkommen ist Ruhe und es ist fast kein Mensch mehr auf der Promenade. Basti will später noch ´nen Absacker irgendwo trinken gehen, findet aber wirklich keine Location die noch offen hat. Nette Marina. Klein und übersichtlich und eine sehr schöne Promenade an der Waterfront. Kann man ebenso empfehlen wie Marina del Este. Übermorgen Abend müssen wir in Alicante sein. Anna, Basti, Norbert und Roland fliegen von dort aus nach Hause. Neue Crew kommt. 2 davon wohl schon am Dienstag. Ich hab da irgendetwas mit den An- und Abreiseterminen verpeilt. Shit auch… Oder hat mich einer meiner Mitsegler wieder „dummelich" geredet bei irgendeinem Crewtreffen? Na irgendwie werde ich die beiden schon unterbringen auf der BEFANA.

Ansonsten alles gut aufem Kutter. Die Crew verträgt sich. Jeder hat so seine speziellen Eigenarten und seinen Charakter, aber alles passt. Freut mich, wenn das so ist.

Heute wollen wir nach Torrevieja und es ist wieder kein Wind. Jedenfalls kein verwertbarer. Schreibt doch Thomas via WhatsApp was von 25 Knoten Starkwind in Alicante. Der ist schon dort und macht noch eins, zwei Tage Landurlaub mit der Familie. Sowas, hier 40 Kilometer vor Alicante ist nichts. Kein Wind. In Torrevieja bekommen wir einen sehr schönen Liegeplatz am Steg des örtlichen königlichen Yachtclubs und sogar bezahlbar für spanische Verhältnisse. 55 Euro pro Nacht. Zwei Schiffe neben uns sitzt eine ältere Dame, geschätzt 70 Jahre alt, auf dem Bug Ihrer deutschen Segelyacht und angelt. Geduldig sitzt sie da. Bestimmt 2 Stunden lang. Angelschnur einholen,

Köder prüfen und wieder rein ins Hafenbecken und zwischendurch immer mal wieder ein Schluck aus der Bierdose, die neben ihr auf dem Deck steht. Sie schaut immer mal rüber zu uns und lächelt uns zu. Später erfahren wir, dass ihr Mann auch dabei ist. Er ist blind und sie führt ihn in der Dämmerung zu den Sanitärgebäuden, dass er mal zur Toilette und zur Dusche kann. Alleine wäre der Weg für ihn zu gefährlich. Unbekanntes Terrain mit vielen Ecken, Winkeln und Stufen. Das ist ´ne Aufgabe. Wie ist die alte Dame bloß hier her gesegelt mit ihm?

Hinter dem Yachtclub, unweit des Hafenbeckens gibt es wohl eine riesige Salinenanlage. Leider haben wir aber nicht die Zeit uns das anzusehen. Wäre bestimmt eine interessante Sache und man hätte sicher preiswert gutes Meersalz kaufen können.

Übrigens kommen jetzt jeden Tag wieder mehrere Pan-Pan Meldungen über Kanal 16 rein. Zu jeder vollen Stunde werden alle Schiffe gebeten scharf Ausschau nach Flüchtlingsbooten zu halten. Da sind wohl im Moment viele von Marokko nach Spanien unterwegs und eine ähnliche Meldung haben wir gestern auch im Internet in den deutschen Nachrichten gelesen. Aber ich glaube die werden alle schon draußen, in der Nähe des afrikanischen Kontinents aufgefunden, nicht so dicht an der spanischen Küste. Wir halten trotzdem Ausschau. Wie sich das für gute Seeleute schickt. „Gehörig Ausguck halten!"

Die Spanischen Funk-Meldungen der Küstenwache hören sich auf Englisch seltsam an. Wenn man da nicht weiß um was es geht, versteht man nix. Wirklich gar nix.

Spaniens Ostküste

Logbuch 27.07.2018, 18:12   3. letztes Etappenziel
Am Dienstag sind wir im Etappenziel Alicante angekommen. Alles hat super geklappt und am letzten Tag vor Alicante hatten wir doch noch mal einen super Segelwind. Mit bis zu 7 Knoten Fahrt über Grund sind wir dem Ziel entgegen gerauscht. Die Stimmung an Bord ist klasse. Anna und Basti haben sich prima mit Norbert und Roland verstanden. So soll´s sein. Klar hat jeder Mal vom anderen die Nase voll. Der eine redet zu leise, dass man alles immer nachfragen muss, der nächste babbelt (hessisch für redet) in einer Tour und der andere will einfach nur seine Ruhe haben. Aber nach 3 Wochen aufem Kutter darf das auch mal so sein.

An Bord ist halt doch alles ein bisschen enger und man hat nicht so die Ausweichmöglichkeiten, quasi nicht mal eine Stunde Privatsphäre. Aber es geht doch immer wieder erstaunlich gut ab. Da freut sich der Skipper. Hat halt jeder so seine Eigenheiten.

Die Überschneidung der An- und Abreise hat sich jetzt doch irgendwie in Luft aufgelöst. Na da bin ich aber froh, dass ich nicht irgendjemand noch ein Hotelzimmer buchen muss. Neue Crew, neues Glück. Katha und Tobi reisen am Mittwoch an und am Donnerstag kommen meine Vereinskameraden Thomas und Holger dazu. Das verspricht natürlich auch 'ne lustige Truppe zu werden. Fing schon beim Einkaufen an. Ich hab die Liste per Mail verschickt und die beiden Alt-Segler haben die natürlich nach meinen Vorstellungen ergänzt. Unter anderem Gin in verschiedensten Variationen und Tonicwater. Der erste Abend wird schon mal gut...

Natürlich fehlt uns 'ne Eismaschine an Bord, aber Holger hat sich in einer nahen Gaststätte bemüht Eiswürfel zu bekommen und – check... Super Abend mit Gin-Tasting. So was Geiles, ganz nach meinem Geschmack. Auch diese Truppe verträgt sich. Ich bin der König. Alicante ist zwar eine große Stadt, aber wir bekommen nicht viel davon zu sehen. Leider ist das beim Segeln, wenn man einen Auftrag hat, immer so. Man kommt in einem Hafen an, geht was essen, trinkt an Bord noch was und erzählt sich was über den Segeltag und geht ins Bett. Nächster Morgen Frühstück, nochmal zur Dusche und zur Toilette und los. Sightseeing? Fehlanzeige. Und selbst wenn man einen Hafentag dazwischen schiebt, kann man sich in der Regel nicht alle Sehenswürdigkeiten anschauen. Die Zeit reicht oft nicht aus. Da muss man dann schon mal 3 oder 4 Tage an einem Ort bleiben. Aber wie gesagt, die Zeit haben wir im Moment leider nicht.

Trotzdem waren wir in Alicante noch mal im Volvo Ocean Race Museum. Interessant mal zu sehen, was die Jungs und Mädels da so leisten. Das Volvo Ocean Race ist eines der härtesten „um-die-Welt-Rennen" der heutigen

Zeit. Und die Yachten sind richtig schnelle Rennmaschinen, spartanisch ausgestattet, um Gewicht zu sparen. Es gibt keine abgeschlossenen Kajüten, keine separaten Sanitärräume. Alles spielt sich im offenen Innenraum ohne Privatsphäre ab. Im Schnitt feuern die Karbonboote mit 22 Knoten über die Ozeane dieser Welt. Alicante – Gibraltar – Kapstadt – Australien – Hong Kong – Neuseeland - Kap Hoorn – Brasilien - New York – England – Schweden – Norwegen - Holland. So ungefähr ist die Route. Da waren Bilder zu sehen und Videos… das ist nix für mich. Fahrtensegler leben da doch wirklich gesünder.

Gutes Essen, guter Wein, Landschaft gucken, und so weiter. Wir lassen es da nämlich eher ruhiger angehen. Heute zum Beispiel auf dem Weg nach Nordosten zum vorletzten Hafen vor den Balearen. Super Segelwind am Anfang, später die übliche Mittagsflaute.

Heute überschreiten wir, wenn auch zu Fuß, wieder den Nullmeridian. Wir sind wieder im Osten, denn der Hafen in dem wir liegen heißt Marina Greenwich. Super Idee, liegt er doch wirklich genau auf dem Nullmeridian. Wir liegen mit dem Schiff 000°00,12´ West, und das Restaurant auf 00°00,05´ East… Am Abend gehen wir super lecker essen und können uns im Anschluss die totale Mondfinsternis anschauen. Diese verursacht heute einen so genannten Blutmond. Wenn sich bei einer Mondfinsternis der Mond vollständig im Kernschatten der

Erde befindet, wird das Licht gebrochen, insbesondere die langwelligen roten Anteile. Der Mond ist dann noch schwach erkennbar und steht als sogenannter Blutmond oder roter Mond am Himmel. Sehr spektakuläres Ereignis, aber leider mit unseren Kameras ohne Stativ nicht richtig einzufangen. Die Erinnerung der Bilder ist jedoch im Kopf verankert.

Samstag früh soll´s weiter Richtung Nordosten gehen, nach Denia. Vielleicht treffe ich da Vereinsmitglieder vom Trans-Ocean. Wollte die eigentlich nach günstigen Liegeplätzen für Menorca fragen. Die BEFANA muss dort einige Tage liegen und die Marinas rufen hier Preise auf, dass einem schwindelig wird. Wir haben gehört, dass ein 14 Meter Schiff in der Hauptsaison auf Menorca bis zu 400 Euro pro Nacht berappen soll. Ich hatte in der Zwischenzeit auch schon per Mail bei meinen Kameraden nachgefragt, aber die wissen leider auch nicht weiter. Na da bin ich ja mal gespannt, was da auf uns zukommt, wegen der Liegegebühren und so.

Denia braucht man nicht wirklich. Dort gibt es keinen schönen Hafen. Zwar ist der Service ganz gut, aber die haben hier Sommerpreise, die die Bordkasse ganz schön schmälern. Die letzten beiden Häfen haben zusammen um die 140 Euro Liegegebühr gekostet. Muss das sein? Dazu sind die sanitären Anlagen häufig in einem desolaten Zustand, bzw. einfach nicht gepflegt. Schade drum. Diese überlaufenen Marinas hier sind das Geld nicht wert, aber was will man machen?

Als wir spätnachmittags in Denia einlaufen, will zur gleichen Zeit die Speedfähre raus und kündigt das mit einem langen Ton aus ihrem Horn an. Und schon gibt der Capitano der Fähre Gas. Ich mach mich in der Hafeneinfahrt mal ganz schnell vom Acker, bevor der mich überrollt. Einer der Segler, die uns folgen, um mit uns gleichzeitig in den Hafen einlaufen, findet wohl keinen rechten Ausweichplatz. So dreht er um 180° und fährt wieder raus. Die Fähre hinterher und macht mit 5 kurzen Tönen ihr Wegerecht geltend. Der könnte ja auch mal kurz langsamer fahren. Aber nein, Vorfahrt muss sein und schließlich soll Recht bleiben, was Recht ist, Punkt. Na da bin ich aber froh, dass ich noch ein Schlupfloch gefunden habe… Ich kann die Schweißperlen auf der Stirn des anderen Seglerkollegen von hier aus sehen.

Wir legen souverän an und nehmen mal einen ordentlichen Drink als Anleger. Holger, unser Gin-Spezialist, mixt uns einen eisgekühlten Gin Tonic on the rocks mit einem Hauch von abgeriebener Orange. Den haben wir uns jetzt aber redlich verdient. Ich weiß immer nicht so genau, wo der Holger die Eiswürfel herzaubert. Wir haben definitiv keine Möglichkeit auf der BEFANA Würfeleis zu bereiten. Wie macht er das?

Hier ist es jetzt nachmittags schon ziemlich heiß. Über 30 Grad und kein Lüftchen. Mittelmeer halt. Man hat mich gewarnt. In den Schränken unten im Schiff sind die Temperaturen auf geschätzt 40 Grad Celsius angestiegen. Das liegt wohl tatsächlich an dem außen darüber liegenden Teakdeck. Die Teakbretter werden in der Sonne so heiß, dass man sie barfuß fast nicht betreten kann. Das dringt natürlich auch nach innen durch. Wenn man aus der Dusche kommt, und sich ein T-Shirt und ´ne Unterhose anzieht, die beide schon weit mehr als die eigene Körpertemperatur haben, macht das wirklich keinen Spaß mehr. Also in Zukunft die Klamotten eine halbe Stunde vor dem Duschen aus dem Schrank nehmen.

Sonntag liegt dann die Überfahrt auf die erste Balearen Insel an. Ibiza oder Formentera. Das hab ich noch nicht entschieden. Mal sehen wie der Wind wird und ob überhaupt welcher da ist. Im Moment sieht´s jedenfalls nicht so danach aus. Zum Teufel aber auch.

Jetzt bin ich schon über 10 Wochen unterwegs. Habe mit all meinen Freunden an Bord halb Europa umrundet und es ist alles noch weitgehend ganz auf der BEFANA. Nichts wirklich Nennenswertes ist kaputt gegangen. Dreimal auf Holz geklopft. Und alle meine Mitsegler haben bis jetzt überlebt. Kleinere Blessuren bleiben nicht aus. Hier ein blauer Fleck, da ein Kratzer, dort eine Schramme, alles nicht schlimm. Außer dass ich mir heute mal wieder den kleine Zeh angerannt habe. Nix gebrochen offensichtlich, aber der Nagel der Länge nach gespalten und geblutet wie Sau. Ich liebe diesen Moment, wenn der Schmerz nachlässt. Und ich sag meinen Mitseglern immer und immer wieder, dass Sie an Bord bei der Arbeit Schuhe anziehen sollen. Es gibt auf einer Segelyacht zu viele Haken, Klampen und Schlingen, die einem schnell einmal ein Bein gestellt haben. Aber ich Hirnie lauf immer wieder barfuß rum.

Auf den Balearen

Logbuch 30.07.2018, 18:23   Angekommen auf Ibiza
Die Überfahrt nach Ibiza am Sonntag war okay. Erst guter Segelwind, dann nach der üblichen Mittagsflaute auch noch die Nachmittags- und Abendflaute. Wir fahren 2/3 der Strecke mit Motor.

Die Ankerbucht Cala Conte, in der wir ankommen ist rappelvoll. Und schön isse auch nicht. Wasser ist schmutzig und jede Menge von den kleinen biestigen Feuerquallen. Ganz anders als im Revierführer beschrieben. Ein Motorboot nach dem anderen jagt durch das Ankerfeld und mischt die Besatzungen der Ankerlieger ordentlich auf. Hoffentlich hört das nach Sonnenuntergang auf. Zwar wird es ruhiger, aber ein paar Jetschi-Fahrer können es noch immer nicht lassen.

Der Sonnenuntergang jedenfalls war super. Diffuses Licht hinter den Bergen und orangeroter Himmel am Horizont, die Berge im Gegenlicht nur als Scherenschnitt dargestellt. Love it...

Tobi kocht lecker und wir haben einen netten Abend an Bord. Aber ich bin hundemüde und war glaube ich um 22.30 schon in der Koje. Ich schlafe wie ein Stein bis morgens um 08.00 Uhr.

Am darauffolgenden Tag haben wir uns ´ne bessere Bucht ausgesucht. Cala San Miguel im Norden von Ibiza.

Klein, nett und voll… Jede Menge Yachten und Motorboote drin. Da muss ich mal wieder Eier zeigen und fahre um die ganzen Ankerlieger herum von hinten dran und wir lassen unser Eisen zwischen zwei anderen Seglern ins 5 Meter tiefe, türkisfarbene Wasser fallen. Der Anker gräbt sich sofort ein. Ich schätze mal ab, dass wir 25 – 30 Meter Kette draußen haben. Tobi stoppt die Kette und der Anker ruckt zwei, drei Mal ein und hält. Kurz rückwärts einfahren und wir liegen mit dem Hintern der BEFANA gerade mal 10 Meter von der Steilwand weg. Check…

Heute muss Lucy, unser Dinghi ran. Das erste Mal ist es im Einsatz. Nagelneu kommt es aus seiner Verpackung. Ist ja doch ein ordentliches Teil. Quicksilver. 280 cm lang. Tragkraft über 400 kg. Und Freddie, unser Mercury Außenborder kommt auch noch drauf. Fazit unseres ersten Dinghi-Ausfluges: Lucy und Freddie funktionieren einwandfrei und verrichten gute Dienste. Fehlt nur noch die Taufe von Lucy und die Beschriftung. Das machen wir dann irgendwann auf Elba. Hier ist es definitiv zu warm.

Na da können wir ja zum Einkaufen fahren. Thomas, Katha, Tobi und ich machen dann schon mal eine Probefahrt um die Ecke. Holger muss leider zurück bleiben und Ankerwache halten. Na ja – sagen wir mal so, der Arme hat sich leider gestern verletzt. Eins der Motorboote, die durchs Ankerfeld gerast sind hat ´ne Welle erzeugt, als Holger gerade unter Deck war, um Getränke zu holen. Er verliert bei dieser Schaukelei das

Gleichgewicht und stürzt mit dem Rücken auf die Bank im Salon. Ich hab gedacht uns hätte ein anderes Schiff gerammt, so ein Stoß ging durch die BEFANA. Aua - das hat wehgetan. Ich kann das ganz gut nachvollziehen und das tut mir auch echt Leid für Holger. Aber Katha, unsere Ärztin an Bord meinte, das könnte eine geprellte Rippe sein und er würde es wahrscheinlich überleben. Mit Ibuprofen und ein bisschen verordneter Ruhe kommt er bestimmt wieder auf die Beine. Das erste Bierchen hat dann heute tatsächlich auch schon wieder geschmeckt.

Wir anderen waren in der Zwischenzeit schon mal in der Nachbarbucht, in der „Utopia Beach Bar". Ganz nett aber zu viele Holländer und Engländer mit kleinen Kindern und viel zu laut. Der Mojito hat dennoch sehr zu unserer inneren Abkühlung beigetragen. Diese Bar hat so ein karibisches Flair. Bunt getünchte Tische und Stühle, Palmen mit einer dazwischen schwebenden Hängematte und die Wirtin eine „karibische" Damenfigur. Wer schon mal in der Karibik war, weiß was ich meine. Er mit Rasta Zöpfen und barfuß wirkt, als habe er gerade seinen 2. Joint geraucht und sein Batik Shirt ist bestimmt schon 20 Jahre alt. Aber die Drinks sind 1 A und die beiden Inhaber sehr nett.

Als wir am nächsten Morgen auslaufen, haben wir etwa 50 Seemeilen vor uns. Wir wollen nach Port Andratx auf Mallorca. Dem armen Holger geht es nicht so gut. Er hat Schmerzen und wir vermuten, dass die Rippe eben nicht nur geprellt ist. Seine Entscheidung von Malle aus nach Hause zu fliegen ist zwar schade, aber für ihn sicher das Beste, denn jede Bewegung auf dem Schiff tut weh. Und Bewegungen bleiben eben nicht aus, auch nicht bei wenig Wind. In Port Andratx bekommen wir keinen Liegeplatz im Hafen und müssen deshalb im Vorhafen ankern. Am nächsten Vormittag bringen wir Holger samt Gepäck an Land. Längsseits vor der örtlichen Apotheke machen wir kurz fest und Thomas bringt ihm sein Gepäck hinterher. Holger verbringt noch eine Nacht im Hotel und am nächsten Morgen fliegt er nach Hause.

Mallorca hat schon ein paar tolle Buchten. Aber auch hier ist im August der Teufel los, Motorboote en Masse. Und die benehmen sich alle wie die Sau. Rein in die Bucht, raus aus der Bucht. Und immer schön den Hebel auf den Tisch, dass es bei den anderen ja schön wackelt. Ich könnt sie alle abschießen.

Dennoch haben wir noch ein Traumplätzchen gefunden. Auf der Nordwest Seite sind nicht so viele Touris unterwegs. Das ist gut für uns. Wir finden abends in der Cala Tuent einen sensationellen Ankerplatz. Auf 7 Meter Wassertiefe fällt unser Anker in feinsten Sand. Er hält wie immer sofort. Katha und Tobi fahren mit dem Dinghi zu den Felsen und legen noch 'ne Landleine, um den Schwoikreis zu eliminieren. Was die beiden auf der Rückfahrt zu diskutieren haben, bekommen wir an Bord leider nicht mit und verraten wollen die beiden auch nichts. Das hat zumindest gerade nach Streit ausgesehen. Auf Nachfrage grinsen Katha und Tobi nur. Von unserem Ankerplatz aus haben wir einen tollen Blick auf den höchsten Berg von Malle, immerhin 1445 Meter hoch.

Der als Puig Major bezeichnete Berg wird manchmal auch mit dem Zusatz „de Son Torella" versehen, um ihn nicht mit dem Puig de Massanella als Puig Major de Massanella, also als „Großer Berg von Massanella", zu verwechseln. Als Differenzierung und um eine Verwechselung zu vermeiden, erhielt der höhere Gipfel diesen Beinamen.

Seit 1958 ist der Gipfel des Puig Major militärisches Sperrgebiet. Ein Abkommen aus 1953 zwischen den Spaniern und den USA, die als Gegenleistung für Ihre Wirtschaftshilfe mehrere Marinestützpunkte nutzen durften, war der Grund dafür. Auf dem Puig Major wurde von den Amerikanern in der Folge die 880. Aircraft Control and Warning Squadron stationiert. Zum Bau einer ersten Radaranlage dort oben wurde der Gipfel um etwa fünf Meter in der Höhe abgetragen, da man ein Plateau als ebene Fläche brauchte.

Jedoch zogen die Amerikaner Ende 1964 ab und gaben den Stützpunkt an die Spanier zurück. Heute nutzt das spanische Luftwaffengeschwader EVA-7 mit etwa 90 Militärangehörigen die Einrichtungen auf dem Gipfel des Berges und mit dem 2003 in Betrieb genommenen dreidimensionalen Radargerät Lanza 3D des spanischen

Militärs werden das westliche Mittelmeer und Teile Nordafrikas überwacht.

An diesem Abend wird uns noch ein sehr spektakulärer Sonnenuntergang geboten. Die Crew und der Skipper können es fast nicht glauben. Mit uns sind nur 6 andere Boote in der Bucht. Einsamkeit pur könnte man fast dazu sagen. Als die Sonne untergeht und etwa drei, vier Mal hinter einem Felsvorsprung verschwindet, um dann immer wieder in einer anderen Rotschattierung für ein paar Minuten wieder hervor zu kommen, haben wir die Möglichkeit nicht nur einen, sondern 3 - 4 Sundowner zu genießen. So muss das und nicht anders...!

Nächster Tag... auf nach Menorca. Über 50 Meilen liegen vor uns. Wind? Fehlanzeige. Und so muss Jöns die ganze Arbeit machen unserer letzten Balearen-Insel.

Wir kommen recht spät an, fahren in die große Bucht, in der es einen Hafen gibt. Ciutadella. Aber der ist natürlich randvoll. Nix zu machen. Also ankern wir im Vorhafen neben dem Fähranleger und fahren abends mit Lucy in die Stadt. Menorca ist auf der Südseite, auf der wir uns gerade befinden, relativ flach. Keine Berge. Nur ein paar Hügel. Ansonsten sieht die Insel hier aus wie ein Hochplateau. Etwa 6 - 10 Meter hoch und komplett flach. Kein Hügel, keine Berge, nicht gerade schön. In den Norden, wo die Berge sind, kommen wir in diesem Jahr leider nicht. Hier bleiben wir nur für eine Nacht und am Tag darauf geht's zum nächsten Etappenziel – nach Mahon.

Dieser große Naturhafen, wohl einer der größten in Europa, zieht sich mehr als 3 Meilen ins Land hinein. Da drinnen, in der großen Bucht, gibt es zahlreiche öffentliche Marinas und Liegemöglichkeiten in verschiedenen Yachtclubs. Das dachte ich zumindest, nachdem ich den Revierführer studiert habe. Aber wieder einmal werde ich eines besseren belehrt.

Als wir nämlich versuchen auf Kanal 9 anzufunken, bekommen wir erst mal keine Antwort, von keiner der Marinas. Das kennen wir ja schon. Also fahren wir mal rein. Erster Hafen: Fehlanzeige. Kein Platz für 14 Meter, Zweiter Hafen: Fehlanzeige. Überhaupt kein Platz mehr. Wir drehen Runde um Runde in dem großen Hafenbecken, bis wir ein paar Marineros auf ihrem Schlauchboot sehen. Die halten wir an. Fragen höflich nach einem Liegeplatz und bekommen tatsächlich einen zugewiesen. An einem Schwimmsteg vor der Illa del Rei dürfen wir festmachen. Starker Wind weht in die Bucht und die Marineros helfen uns beim Anlegen. Unsere dicken Fender passen rechts und links auf, dass wir keinen Schaden nehmen.

Wasser ja, Strom nein. Und da soll die BEFANA eine Woche liegen bleiben? Na das kann ja lustig werden. Vor allem, wenn eine der gefürchteten Rissagas kommt. Das sind die berüchtigten Mini-Tsunamis auf Menorca. Und nur hier komischerweise. Aber die haben es in sich. Wer will kann ja mal auf YouTube suchen. Da gibt es Horrorvideos davon zu sehen. Ganze Hafenpromenaden überspült und Schiffe, die wie wild vor den Ankerketten tanzen. Nach kurzem Zögern denke ich aber, dass der Schwimmsteg gar nicht so verkehrt ist. Sollte eine dieser Rissagas während meiner Abwesenheit in die Bucht laufen, hebt es den gesamten Schwimmsteg einfach samt meiner BEFANA an und nichts passiert. Ich entscheide mich hier zu bleiben. Was will ich auch sonst machen?

Nette Nachbarn haben wir auch. Alles Fahrtensegler und keine Normalotouris wie sonst. Also bleiben wir. BEFANA wird gut vertäut. Vorne zwei Muringleinen, achtern je eine doppelte Heckleine. Gut abfendern und dann wird das schon gut gehen.

Dennoch bleibt ein mulmiges Gefühl als ich nach Hause fliege. Beim Start sehe ich nochmal mein Schiff dort unten liegen. Die Marineros sind informiert, haben meine Handynummer. Also was soll schon passieren. Außer, dass mir einer in die Seite fährt beim An- oder Ablegen. Aber das kann ja auch passieren, wenn ich an Bord bin. Also Micha - entspann Dich und genieße die Woche zu Hause in Iwwero. Mach ich. Freu mich auf meine Süße und auf vernünftiges deutsches Essen und vor allem auf deutsches Pils-Bier. Nach 4 Wochen im Süden kann ich die Lagerplörre einfach nicht mehr trinken. Und Weißbrot und Nudeln gehen mir langsam auch auf die Socken.

Ich brauch mal wieder ein schönes Grohe oder ein Bitburger und 'ne Bratwurst vom Norbert Larem aus Gernsheim, das sind die besten Bratwürste weit und breit.

Sowas macht zwischendurch schon richtig glücklich. Und so kommt es dann auch. Freu, freu, freu... Was mich ein bisschen frustriert ist, dass die mir hier auf Menorca für diesen Liegeplatz, jenseits aller Infrastruktur, weit über 900 Euro pro Woche aus den Rippen leiern.

Die letzte Etappe

Eine Woche später bin ich wieder hier. BEFANA hat's ohne Schrammen überlebt und die Batterien sind auch noch halbwegs voll, trotz fehlendem Landstrom. Aber der Wein ist natürlich warm. Na dann mach ich mal den Kühlschrank an. Trotz des warmen Weißweins wird das ein schöner Abend alleine auf der BEFANA. Ich genieße meine Freiheit und beobachte das Treiben in der Bucht. Kreuzhartschiffe kommen hier ganz dich vorbei. Am Sonntagabend kommt die neue Crew. Bin gespannt auf Fabian, Caro, Mathias und Sibylle. Dann geht's auf die letzte große Etappe über Sardinien und Korsika nach Elba.

Jetzt hab ich aber erst mal Wasch- und Putztag. Dazu muss man aber wissen, dass man von hier aus am Steg jedes Mal ein Wassertaxi braucht, um zur Stadt oder zur Marina zu fahren. Ziemlich umständlich. Mit dem Dinghi wäre man fast 'ne Stunde unterwegs mit den 3,5 PS von Freddie. Und das bei den Wellen hier in der Bucht. Da bist du tratsch nass, wenn du ankommst. Das brauch ich auch nicht wirklich. Also habe ich am Sonntagmorgen das Wassertaxi über Funk bestellt und bin mit den Marineros zum Hafen an den Waschsalon gefahren, aber die Waschmaschine ist defekt. HHmmm… ich geh´ mit meinen zwei großen Taschen zum Hafenmeister und frage im Office nach. Der Chef dort sagt mir, dass die hier im Ort auch 'ne Wäscherei haben. Würde aber 24 Stunden dauern, bis die Wäsche fertig ist. Na gut, machen wir. Ich lass meine beiden Taschen hier. Eine freundliche Dame hängt einen Zettel mit dem Bootsnamen dran, nachdem ich „BEFANA" dreimal buchstabieren musste und dann doch den Namen auf 'nen Zettel geschrieben habe. Na egal. Hauptsache, ich bekomme meine Sachen wieder vollständig zurück.

Wir fahren mit der neuen Crew am Montag in eine Bucht, etwa 9 Meilen nördlich vom Hafen. Schöne ruhige Bucht mit vielleicht 10 Schiffen drin. Von da aus wollte ich dann die Wäsche mit dem Taxi holen. Anruf am nächsten Morgen in der Marina. Noch nicht fertig. *„tal vez mañana..."* vielleicht morgen... Letztendlich wird es 3 ganze Tage dauern, bis ich die Klamotten zurückbekomme und auch das Wetter lässt uns hier im Moment nicht weg. Mir läuft die Zeit davon. Schon der dritte Gammeltag in Folge und es nimmt irgendwie kein Ende. Mir, oder besser gesagt uns ist es langweilig. Okay, Spanien. Da der Wind und die Wellen jetzt langsam immer mehr aus Osten kommen, also der ganze Salat voll in unserer Bucht steht, wackelt es am Anker natürlich ohne Ende und der Aufenthalt an Bord wird einigermaßen unangenehm. So entscheiden wir uns zurück in den Hafen zu fahren, sprich an den Steg vor der Illa del Rei. Wie geplant, kommen wir mittags in der großen Bucht von Mahon wieder an.

Auf dem Funk ist der Teufel los. 2 Franzosen und ein Österreicher versuchen mit ihrem Englisch den Marinero anzurufen. Auf Englisch? Erfolglos. Sie bekommen keine Antwort.

Ich hab mal in den letzten Tagen bei anderen Seglern zugehört und versuche meinen Funkspruch auf Spanisch: *„Marina Menorca- Marina Menorca, a qui est BEFANA – gambio...."*
Und prompt kommt eine Antwort. Die weitere Konversation geht dann aber auf Englisch. Geht doch. Der Marinero kennt die BEFANA schon. Rotes Schiff mit Hexe drauf. Nicht zu übersehen. Ich steh aber bei 18 – 22 Knoten Wind trotzdem in der Warteschleife, weil er gerade versucht, die beiden Franzosen irgendwie an den Steg zu bekommen. Das funktioniert aber nicht. Immer wieder wird deren Schiff mit dem Bug weggedrückt. Trotz Bugstrahlruder haben sie keine Chance.

Beide brechen ihr Vorhaben entnervt ab. Marinero auf dem Steg B sieht mich am Steg A rumkurven und deutet auf einen freien Liegeplatz. Gestik: ob ich das alleine schaffe... Klar, gestikuliere ich zurück. Ist ja auch einfacher gegen den Wind, als mit dem Wind wie die Franzosen. Langsam nehme ich Fahrt rückwärts auf. Nur den Gang rein. Gerade so schnell, dass die BEFANA noch manövrierfähig ist. Rechs von mir ein älterer Ami, ehemaliger Professor, wie sich später heraus stellt. Links von mir ein Italiener mit einer nagelneuen Grand Soleil 52.

Alle stehen mit Fendern bewaffnet auf ihren Decks und schauen mir, dem Deutschen zu, wie er bei 20 Knoten Wind seine 44er in die Lücke drückt. Perfektes Anlegemanöver. Mit einer Crew, die eigentlich gar nicht anlegen kann, weil sie das noch nicht so oft gemacht haben. Aber alles klappt hervorragend. Ich bin drin. BEFANA ist fest und beide Nachbarn zollen ihren Respekt.

Der Ami-Professor später: *"I love perfection... and this was perfect..."* Danke mein Lieber. Innerlich klopf ich mit auf die Schulter. Zu guter Letzt kommt spät abends noch der Anruf, dass meine Wäsche fertig ist. Der Marinero bringt sie mit dem Boot zu mir. Na das ist doch mal was. 3 Laken, 2 Betttücher, 3 Kopfkissen, 6 Handtücher 69,90 €. Ich hätt besser neue Wäsche gekauft.

So nun. Heute ist Starkwind bis Sturm angesagt. Soll aber laut Windy-App gegen Mittag besser werden. Wird es aber nicht. Und so bleiben wir auch heute noch hier. Ist, glaube ich, auch besser so. Der Italiener neben mir bleibt auch noch ´ne Nacht. Morgen soll der Sturm sich gelegt haben. Wir können das Starkwindspektakel auf der App gut verfolgen. Im gesamten Golf von Lyon und westlich von Korsika und Sardinien, bläst es mit durchschnittlich 34 Knoten aus Nordwest. In Böen um die 50 Knoten. Mistral nennt man diesen Mittelmeerwind, der aus dem Rhone-Tal auf die See hinausbläst. Durch den Düseneffekt zwischen den Cevennen im Westen und dem Alpenhauptkamm im

Osten, wird der Wind von 65 auf ungefähr 135 km/h im Mittel beschleunigt, also nahezu verdoppelt.

Übrigens ist dieser Starkwind im Golf von Lyon nicht zu vergleichen mit anderen starken Winden. Das ist etwas Besonderes. Zu dem Sturm baut sich bis auf die Balearen und die Westküsten von Korsika und Sardinien eine erhebliche See auf. Und die Wellen, je nach Windstärke und Wirkdauer 4 - 10 Metern, in Ausnahmefällen bis zu 16 Metern Höhe, die dabei entstehen können, haben schon so manchen Segler oder Motorbootfahrer in die Knie gezwungen. Bobby Schenk und Jimmy Cornell sagen beide nicht umsonst, dass der Golf von Lyon das gefährlichste Meer der Welt sei. Da ist was dran.

Also geht mir zwar wieder mal ein Tag von meiner Planung verloren, aber wir werden dafür morgen entspannteres Segeln haben. Die beiden Mädels an Bord werden es mir danken. (aber eigentlich wissen die gar nicht, was sie verpasst haben heute) Die eine Mitseglerin hat bei leichten Wellen gestern schon das Heck der BEFANA mit halbverdautem Essen verziert. Scherzbold, der Micha…

Logbuch 24.08.2018, 17:47   es geht gegen Osten

Weit über 2000 Seemeilen liegen nun schon im Kielwasser der BEFANA. Heute endlich lassen wir Menorca hinter uns und starten den großen Sprung Richtung Osten nach Sardinien. Knapp über 200 Meilen heißt mindestens eine Nacht durch und fast 2 ganze Tage ohne Landsicht. Wie erwartet geht der Wind zurück und wir haben eine herrliche Etappe vor uns.

Die Tage werden nun immer heißer. Teilweise 34 Grad und mehr. Und wenn dann kein, oder nur wenig Wind geht, ist das echt 'ne Qual. Man schwitzt vom Nichtstun. Bei der Überfahrt geht der erste Tag nicht wirklich schnell vorbei. Kein Wind und Jöns muss uns übers Meer schieben.

Doch dann folgen ein fantastischer Sonnenuntergang und eine nicht ganz so dunkle Nacht. Der zunehmende Mond mit seiner goldgelben Sichel schenkt uns genug Licht. Man kann sehr weit sehen. Aber leider nur nach hinten raus, denn wir fahren Richtung Osten und der Mond wandert nach Westen.

Am Horizont voraus blitzt es gewaltig und fast ununterbrochen. Sowas macht mir immer ein ungutes Gefühl, denn ein Gewitter auf dem Boot brauche ich nicht wirklich. Aber auch das zieht Gott sei Dank an uns vorbei. Nächster Morgen... die Wolkendecke reißt auf und der Sonnenaufgang direkt vor uns. Wir liegen dank Jöns gut in der Zeit und werden nach meinen Berechnungen gegen 17.00 Uhr auf Sardinien ankommen.

Und so ist es auch. In der Bucht liegen schon 8 Schiffe. Es gibt nur 10 Ankerbojen, und wir erwischen die vorletzte davon. Das freie Ankern ist darin strengstens verboten, da mit dem Grundeisen die Vegetation am Meeresgrund zerstört werden kann. Sandflächen gibt es hier nicht, nur Seegras.

Eine sehr ruhige Bucht auf der Westseite von Sardinien, gut geschützt durch eine große Landzunge gegen Wellen und Wind. Die Crew fährt mit dem Dinghi mal an Land, um den kleinen Ort da drüben zu erkunden. Dummerweise gibt es in dieser Gegend kaum Handyempfang. Und so erreicht mich die Nachricht, dass es in dem Restaurant da drüben Pizza gibt, leider erst am nächsten Morgen. Macht aber nix. Ich war eh fix und fertig. Ich glaube, ich werde krank. Schwitze wie ein Schwein, dann friere ich wieder und Halsschmerzen habe ich noch dazu. Sowas - es gibt doch angeblich auf dem Meer keine Viren. Muss ich mir dann wohl vom Landgang mitgebracht habe. So ein shit.

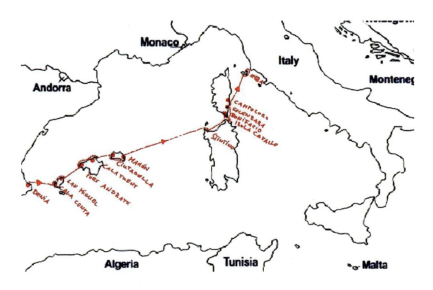

Nächster Tag... es geht nach Korsika. Wir kommen meinem absoluten Lieblingsrevier näher. Elba und Korsika kenne ich wie meine Westentasche. Das ist mein zweites Zu Hause. Bonifacio heißt das Ziel. Mir war schon klar, dass im August die Häfen voll sind. Aber selbst eins, zwei Tage vorher per Telefon reservieren funktioniert jetzt schon nicht mehr. Na das kann ja lustig werden.

Ich fahr da aber trotzdem mal rein. Die Meile zu der Hafeneinfahrt von Bonifacio ist schon sehr spektakulär. Kreidefelsen, bis zu 40 Meter hoch, rechts und links der Einfahrt. Und wenn man vom Meer aus auf die Kreidefelsen zufährt, kann man die eigentliche Einfahrt nicht erkennen. Erst auf den letzten Metern, vor der roten Hafenbegrenzungstonne, scheinen die Felsen wie ein riesiges Schiebetor aufzugehen und erst dann kann man erkennen wie der weitere Weg ist. Das muss auch schon Homer fasziniert haben...

...Die Laistrygonen werden bei Homer in der Odyssee erwähnt. Er beschreibt sie als Riesen und Kannibalen, die zwar Viehzucht, aber keinen Ackerbau betrieben.

„Odysseus erreicht das Land am siebten Tag nach dem Besuch der Insel des Aiolos und vor dem Besuch bei Kirke auf der Insel Aiaia. Er verliert hier einen Großteil seiner Mannschaft und seiner Schiffe, da er von den Laistrygonen angegriffen wird. Antiphates wird als einer deren späteren Könige genannt und dieser lässt sich einen der Kundschafter von Odysseus zum Verspeisen servieren. Den anderen beiden Kundschaftern gelingt

es zu fliehen. Odysseus kann mit ein paar seiner Gefährten entkommen, da er sein Schiff als einziger nicht in den Hafen fährt, sondern es draußen an einem Felsen verankert. Alle übrigen Männer werden von den Laistrygonen bei der Flucht mit riesigen Steinen beworfen und getötet oder verspeist..."

Die Hauptstadt der Laistrygonen heißt Telepylos, was übersetzt fernes Tor heißt. Das klingt nach einem Hafen mit sehr enger Einfahrt. Die Lage des Landes der Laistrygonen ist aber nicht genau bekannt. Ernie Bradford, ein englischer Schriftsteller und Historiker meinte jedoch, es sei Bonifacio...

Wir fahren mit der BEFANA mutig hinein, denn es gibt keine Laistrygonen mehr. Dann öffnet sich das eigentliche Hafenbecken und da kreuzen schon mindestens 7 Yachten und warten auf einen Liegeplatz. Der Funk quillt über auf Chanel 09, weil jeder versucht den Hafenmeister davon zu überzeugen, dass er der einzige ist, der einen Liegeplatz im Hafen braucht. Man hört Geschichten über Motorprobleme, Krankheit, und was den Leuten nicht alles einfällt. Aber der Hafenmeister bleibt stur.

Ich schau mir das eine Weile an und beschließe vor den Commercial Quai zu gehen. Ist zwar ein ziemlich mieser Platz, weil ständig andere Schiffe daran vorbei fahren und Schwell erzeugen, aber besser als nix. Man kann von hier aus zu Fuß in die Stadt gehen und es gibt Wasser und Strom. Aber den Platz bekommen leider wir nur für einen Tag, dann müssen wir hier wieder weg. Und so kommt es, dass die Crew wenig Zeit hat, sich Bonifacio anzusehen. Zudem finden Sie nicht gleich den rechten Zugang zu den schönen Sehenswürdigkeiten. Ein Grund irgendwann wieder hierher zu kommen.

Die nächsten drei Tage werden wir wohl buchteln gehen müssen. Als erstes vor die wunderschöne Isola Cavallo in der Straße von Bonifacio. Diese kleine Privatinsel ist gesäumt von kleinen Buchten mit türkisfarbenem Wasser und herrlichen Sandstränden. Vor ein paar Jahren war ich da schon mal auf der Westseite ankern. Die Straße von Bonifacio an sich ist gespickt mit zigtausenden von winzigen Felsen. Alle ganz knapp unter Wasser oder nur schwer zu erkennen, die Durchfahrten dazwischen nur wenige Meter breit. Hier ist Augennavigation gefordert. Mit der Seekarte oder gar der Navionics App gibt es keine Chance, ohne Schaden dazwischen durch zu kommen. Wir atmen auf, als wir wetterbedingt diesmal auf der Ostseite in die ausgesuchte Bucht einfahren. Trotzdem müssen wir aufpassen, denn im Südteil dieser Bucht wird es ziemlich flach. Bestimmt 20 Schiffe liegen hier schon drin. Ich mogle mich wieder mal durch das gesamte Ankerfeld und finde prompt in der ersten Reihe einen Sandfleck zum Ankern. Der Anker fällt in 4 Meter tiefes Wasser, ich fahre zurück und es ruckt derart stark, dass ein paar Meter Kette über die Kettennuß an der Elektrischen Ankerwinde springen. Das gefällt mir irgendwie nicht und ich schicke Matze zum Tauchgang. Ergebnis: In der ganzen Bucht gibt es auf etwa

200 x 200 Metern nur Sand, aber genau da, wo unser Anker liegt, 2 große Steine. Und richtig – die Ankerflunke genau dazwischen. Volltreffer, Center-Ten.

Der Anker muss da wieder raus, bevor wir ihn morgen gar nicht mehr hoch bekommen. Außerdem wenn der Wind dreht, hätten wir ein Problem. Der Anker würde dann nämlich nicht mehr halten. Also einer aufs Vorschiff, Anker wieder hoch und zweiter Anlauf. Ich drehe wieder eins, zwei Runden und such mir einen neuen Platz. Kann ja schließlich nicht so schwer sein. Anker fällt, rückwärts, Ruck… okay. Matze, der noch im Wasser ist, schaut nach. Wieder Center-Ten. Na ich kann das. Erst beim dritten Versuch finde ich die beiden Steine nicht mehr und der Anker zieht sich in den feinen weißen Sand. 40.000 qm Sandfläche und nur 2 Steine mit je 1,5 Metern Durchmesser. Das muss mir erst mal einer nachmachen. Wir nehmen unser obligatorisches Ankerbierchen und alle sind glücklich.

Da glaubt doch einer der Einheimischen er muss die Bucht mit Techno beschallen. Und zwar Club-laut, wenn Ihr wisst wie ich das meine. Die Anlage, die er besitzt, hat durchaus Clubqualität. Ein Leben für den Bass. Das geht so bis 22.00 Uhr. Dann ist endlich Ruhe.

Und ja. Jetzt hab ich ´ne Erkältung, die sich gewaschen hat. Sowas kriege ich ja nicht oft und ich bin auch nicht empfänglich für so eine Männerrippe. Aber jetzt bin ich platt. Kopfschmerzen, Schniefnase und Husten. Kann mich mal einer bedauern?

Der Plan für die nächsten Tage ist, dass wir an der Ostküste von Korsika hochfahren. Immer Richtung Norden. Die Hoffnung für diesen Streckenabschnitt? Freie Liegeplätze in den wenigen Marinas auf der Ostküste. Als nächstes Ziel haben wir uns Solenzara rausgesucht. Auf den vielen Korsikatörns habe ich Solenzara schon oft besucht. Nicht gerade der schönste Hafen, aber immerhin sicher und mit vernünftigen Einkaufsmöglichkeiten. Leider haben wir nichts mehr zu kochen an Bord und das trockene Weißbrot von gestern will auch keiner mehr essen. Ein Anruf beim Hafenmeister ergibt aber, dass auch dieser Hafen voll ist. Ferienzeit eben. Also ankern wir in der Bucht kurz vor der Marina. Laut Revierführer soll sie gut haltenden Grund haben und geschützt vor westlichen Winden sein. Na dann nix wie hin.

Wir kommen gegen 17.00 Uhr in der Bucht von Canella an. Weißer Sandstrand und türkisfarbenes Wasser mit gerade mal vier Schiffen drin, ein Segler und drei kleinere Motorboote. Die kleineren werden sicher nicht übernachten und gegen Sonnenuntergang hier verschwinden. So ist es dann auch. Später kommt noch ein Segler dazu, aber der legt sich in den südlichen Teil der Bucht, sodass wir heute Abend unsere Ruhe haben werden. Ein Restaurant gibt´s auch, was ich mit dem Fernglas sehen kann, also was will man mehr? Wir essen lecker und der Abend wird lang. Nach ein paar Cocktails und ein paar Weinchen machen wir uns mit dem Dinghi wieder auf den Heimweg. Verantwortungsbewusst wie ich als Skipper bin, lasse ich die Crew erst mal aus dem Dinghi auf die BEFANA übersteigen. Als ich dann als letzter drauf will, zieht es mir das Dinghi unterm Hintern weg und ich falle mit einem gekonnten Salto rückwärts ins Wasser. Dabei ignoriere ich, dass da irgendeines meiner Crewmitglieder gelacht hat. So, jetzt erst mal frische, trockene Klamotten an. Draußen ist es warm und wir sitzen noch ´ne ganze Weile zusammen und genießen die Ruhe.

Bis 02.30 Uhr liegen wir ruhig. Kein Wind. Spiegelglatte See. Doch dann geht´s los. Hier läuft trotz leichtem Westwind eine kleine aber fiese Dünung aus östlichen Richtungen in die Bucht rein und vorbei ist die Nachtruhe. Alle Teller, alle Tassen, alle Flaschen klappern in den Schränken. Es geht von rechts nach links und wieder zurück. Mal mehr, mal weniger. Sogar das Besteck in den Schubladen rutscht hin und her. Ganz abgesehen von dem Knarzen des Schiffes und dem Knarren und Knacken des Baumes, der sich hin und her bewegt und mit jedem Umschlagen an der Großschot zerrt. Man kann ihn aber auch nicht richtig fixieren. Da muss ich mir für die Zukunft was ausdenken. Der Geräuschpegel ist schier unerträglich. Erst gegen morgen wird es etwas angenehmer. Aber da hauen wir mal ganz schnell wieder ab. Gegen 09.00 Uhr ziehen wir das Eisen aus dem Sand. Nächster Ort Campoloro. Da war ich auch schon oft. Und?

Wir kriegen sogar ´nen Hafenplatz. Ist ja echt cool. Endlich mal wieder Batterien laden und die Wassertanks füllen. Einkaufen ist aber nicht möglich, da die einstigen Supermärkte alle zu sind. Hat sich wohl nicht gelohnt. Die Läden, die alle in den späten 90ern gebaut wurden, sind verwaist und die Gebäude scheinen langsam zu verfallen. Der Weg von hier aus in den Ort ist beschwerlich und weit. Also müssen wir uns mit dem versorgen, was wir an Bord haben.

Wir sind fast am Ziel

So langsam kommen wir dem Endziel für 2018 näher und ich kann die Cumulusbewölkung über Elba schon lange vor der eigentlichen Insel sehen.
Am späten Vormittag bilden sich nämlich häufig im Sommer Thermikwolken über Inseln, selbst wenn der Rest des Himmels wolkenlos ist. Das hängt damit zusammen, dass die Landmassen, auch die von kleineren Inseln, sich in der Sonne stärker erwärmen als die Meeresoberfläche. Dadurch entsteht ein Auftrieb, sogenannte Thermik. Wasserteilchen vom umliegenden Meer werden zu gasförmigem Wasser. Dieser Wasserdampf steigt auf und hält sich vereinfacht gesagt an winzigen Staubteilchen fest, die sich permanent in der Atmosphäre befinden. Diese kleinen Staubteilchen dienen nun wiederum als Kondensationskern und der Wasserdampf wird beim Andocken an den Staub wieder flüssig. Die Wasserteilchen erreichen Höhen, in denen sie zu winzigen Eiskristallen werden. Diese Eis- und Wasserteilchen sind aufgrund des geringeren Luftdrucks und der dadurch sehr geringen Fallgeschwindigkeit in dieser Höhe so leicht, dass sie quasi in der Atmosphäre zu schweben scheinen. Es bilden sich Kondensatwolken in Form von kleinen Cumuluswolken, die an der Unterseite meistens gerade und nach oben blumenkohlartig ausgebildet sind. So kann man von

weitem schon sehen, wo sich Land befindet, ohne dass man dieses bereits sieht. Eine Theorie sagt, dass die Polynesier schon vor mehreren tausend Jahren mit der Wolkenmethode navigiert haben und so andere Inseln entdeckten.

Wir liegen sehr gut im Zeitplan und ich kann entspannt Marina die Campo auf Elba ansteuern. Ich glaube von Campoloro aus bin ich schon zig Mal Richtung Elba gesegelt. Alles ist mir bekannt. Die Untiefe, oder besser gesagt die winzige Insel „scoglio d´africa", liegt auf dem Weg zwischen Campoloro und Marina die Campo mitten im Meer. Eigentlich ist es nur ein kleiner Felsen, der weniger als zwei Meter aus dem Wasser ragt und bei unruhiger See sehr schwer zu erkennen ist. Deshalb befindet sich in unmittelbarer Nähe ein gemauerter Leuchtturm von 16 Metern Höhe mit weißem Blitzfeuer. Dieser kleine Felsen, mit dem eigenen Namen, liegt ca. 10 Meilen westlich der Insel Montecristo. Das ist jene Insel, deren Namen jeder kennt, aber die wenigsten Menschen wissen, wo sie genau liegt. Auch Montecristo gehört wie Elba, Pianosa, Giglio und Capraia zum toskanischen Archipel.

Die Insel Montecristo, deren höchste Erhebung 645 Meter hoch ist, ist heute bis auf eine Wildhüterstation von Menschen unbewohnt.

Die gesamte Insel wurde 1970 von der italienischen Regierung zum Naturschutzgebiet erklärt. Sie darf nur mit einer schriftlichen Sondergenehmigung betreten werden. Die Gesamtbesucherzahl ist auf 1000 pro Jahr begrenzt und nach schriftlicher Anmeldung gibt es eine Wartezeit von etwa drei Jahren.

Auf Montecristo gibt es nur noch 2 Gebäude außer den Klosterruinen aus dem 13. Jahrhundert, Die Villa des britischen Kunstsammlers George Watson-Taylor, erbaut im 19. Jahrhundert und die Station der Ranger.

Seit mehreren hundert Jahren leben wilde Ziegen auf der Insel. Diese sind durch Ihre Isolation zu Artgenossen für die Gen-Forschung hochinteressant und als „Montecristo-Ziegen" weltbekannt.

Die Berühmtheit verdankt die Insel dem Roman „Der Graf von Montecristo" von Alexandre Dumas, jedoch haben die Schauplätze des Romans mit der realen Insel nichts gemeinsam.

An diesem Mittwoch, auf dem Weg nach Elba, gibt es wieder mal wenig bis kein Wind. An Segeln ist nicht wirklich zu denken. Es ist heiß und jeder sucht sich ein schattiges Plätzchen auf der BEFANA. Jöns tuckert uns mit 6 Knoten über das Wasser und der Autopilot hält stur seinen Kurs. Nichts zu tun außer ab und zu mal einen Rundumblick, dass uns kein Containerschiff oder eine Fähre übern Haufen fährt. Hier ist echt viel los. Die Fähren, die von Sardinien nach Genua oder La Spezia fahren und die Frachter, die von Gibraltar kommen und ebenfalls nach Norditalien wollen. Sie alle kommen zwangsläufig hier vorbei.

Ich bin wieder auf meiner Insel, meiner Lieblingsinsel. Gegen Spätnachmittag kommen wir in Marina di Campo an. Die riesige Bucht ist ziemlich voll. Dennoch finde ich heute wieder einen relativ guten Platz zum Ankern. Auf 6 Metern Wassertiefe hält unser Eisen sofort im sandigen Meeresgrund.

Eine Marina, auch wenn der Name anderes vorgaukelt, gibt es hier nicht und die 4 Liegeplätze für Yachten an der Molenmauer sind wie immer belegt. Außerdem würde ich da sowieso nicht festmachen, denn schon zwei Mal hab ich in der Vergangenheit dort Schwierigkeiten gehabt. Es gibt keine Muringleinen und man muss wie in Griechenland den Buganker vor der Hafenmauer fallen lassen und sich rückwärts zur Mole bewegen. Dann Heckleinen durch eine dicke Kette ziehen und auf dem Boot festmachen.

Im Hafenbecken liegen aber Unmengen an Kabeln und alten Ketten. Wenn man so ein Teil mit dem Anker einfängt, hat man echte Probleme dort wieder weg zu kommen. Ich habe aus früheren Problemen gelernt und mir extra für diese Situationen einen Mini-Enterhaken von einem Schlosser machen lassen. Damit kann ich im Notfall ein Kabel oder eine Kette hochziehen, meinen Anker etwas ablassen und dann das Kabel oder die Kette wieder fallen lassen.

Wir nehmen ein kurzes Bad in der Bucht, machen uns landfein und dann geht´s mit dem Dinghi in die Stadt. Hier ist alles beim alten. Der Dinghisteg ist wie immer voll und wir müssen uns den Weg freischieben, um an den Ring für unsere Festmacherleine zu kommen. Aber irgendwie funktioniert auch das. Es liegen bereits acht Dinghis vor der schmalen Treppe. Immer wieder interessant, dass da nachts auf dem Nachhauseweg jeder sein eigenes Gummiboot wieder findet und nicht das erstbeste nimmt, das er greifen kann. Die ausgewählte Pizzeria, die ich von meinen vorherigen Besuchen kenne, gibt es leider nicht mehr. Dauerhaft geschlossen steht da an der Tür. Schade, denn die Pizza dort war richtig gut. Im Steinofen gebacken und man konnte auf der gemütlichen Terrasse dem Treiben im Hafen zuschauen. Wir finden alternativ ein Restaurant an der Promenade und lassen uns Meeresfrüchte und Steaks schmecken.

Donnerstagmorgen müssen wir unsere Vorräte auffüllen. Matze und Fabian fahren nochmal in die Stadt zum Einkaufen. Wir haben heute Zeit. Einen Hafenplatz in Porto Azzurro gibt es eh nicht, da in der Hauptsaison telefonisch reservieren nicht funktioniert. Also ist auch egal, wann wir heute Abend dort ankommen. Die Ankerbucht ist ebenfalls riesengroß und ich werde schon einen guten Platz bekommen. Das Wetter spielt auch mit, sodass wir eine relativ ruhige Nacht haben werden. 12 Seemeilen liegen bis nach Porto Azzurro vor uns, die wir sicher in 2 Stunden abreiten werden. Auch diese Bucht ist gut besucht, wie es schon zu erwarten war. Rund 40 Schiffe liegen dort vor Anker und sogar die Tschechen, mit ihrem antiken Schiff, sind wieder mal auf Elba. Schon von weitem kann man den braun-gelben Rumpf und die Rahen des Seglers erkennen und auch die tschechische Fahne am Heck des Schiffes ist nicht zu übersehen. Die ist mindestens 2 x 6 Meter groß. Vor sechs Jahren hab ich die hier auf Elba zum ersten Mal entdeckt. Ich war damals mittags gegen 13.00 Uhr in der Stadt und hab mir ein Eis und einen Kaffee gegönnt und sehe dabei aus dem Augenwinkel, dass ein großes Schiff unter vollen Segeln in die Bucht von Porto Azzurro einläuft. Das war die Zwei-Mast-Brigg „LA GRACE". Ein antikes, tschechisches Segelschulschiff, wie ich später recherchierte, auf dem rund um Elba und Korsika auch immer mal wieder Urlaubsgäste mit an Bord sind. Ich verlor das Schiff kurz aus den Augen. Etwa 2 Minuten später kam es ohne Segel unter Maschine wieder aus der hinteren Ecke der Bucht hervor und feuerte aus seinen Kanonen drei Böllerschüsse in Richtung Porto Azzurro. Man glaubt gar nicht, wie schnell in der Stadt alle Fensterläden und Fenster geöffnet wurden, um nachzusehen, was da jetzt genau passiert ist.

Die Tschechen haben mit Ihrer Salve den ganzen Ort aus der Siesta geholt. Abends liefen die Besatzungsmitglieder, alles Jungs und Mädchen im Alter von 16 bis 18 Jahren, in nostalgischen Piraten-Kostümen durch die Stadt, machten

Musik und verdienten sich so ein bisschen Taschengeld dazu. Sehr schön anzusehen und eine wirklich tolle Idee.

Der eigentliche Hafen von Porto Azzurro ist randvoll. Fast alle Charteryachten von de Buechis und Sun Charter sind hier und man merkt, dass heute Donnerstag ist. Morgen, am Freitag, müssen die alle wieder vollgetankt in Portoferraio sein. Und die Tankstelle in Portoferraio ist ´ne Katastrophe. In der Hauptsaison kommen die Festland-Italiener mit Ihren Schnellbooten aus Piombino auf die Insel. Wenn die dann alle tanken wollen ist hier Stau. Ich hab schon manchmal über eine Stunde vor der Tankstelle warten müssen. Also tanken eben alle donnerstags in Porto Azzurro, denn am Freitag, spätestens um 17.00 Uhr, ist Rückgabe an der Charterbase. Ein paar andere Yachten aus Sardinien und aus Südfrankreich sind, wie ich sehen kann, noch da. Schiffseigner sind aber fast keine hier. Die kommen erst wieder, wenn hier Ruhe eingekehrt ist. Das hektische Treiben, wenn die Chartercrews hier mit 46 Fuß Yachten in den Hafen kommen, oftmals besetzt mit 8 oder 10 Personen. Die Skipper nervös, weil sie noch nicht so oft angelegt haben. Crewmitglieder in teuersten Designer Segelklamotten, mit Leinen bewaffnet auf dem Vorschiff sowie zwei Leute an den Heckleinen, die diese zwar in der Hand halten, aber nicht wirklich wissen, was sie tun sollen. Das ist Hafenkino vom Feinsten. Da kann man sich stundenlang beschäftigen und es wird nicht langweilig.

Was ich da schon erlebt habe. Da kommen Engländer rein, keine Fender am Boot, keine Leinen vorbereitet und fahren rückwärts zwischen 2 Schiffen an den Steg. Der Marinero hält die Muringleine hoch, sodass diese vom Schiff aus übernommen werden kann und keiner der Crewmitglieder hat einen Bootshaken in der Hand. Erst als der Skipper schon fast mit dem Heck am Steg war, erkennt er, dass da was nicht stimmen kann und fährt unter Vollgas wieder raus. Jetzt macht er die Fender an die Seite und bereitet Leinen zum Festmachen vor. Ich fass es nicht.

Der nächste Segler kommt rein. Ein Deutscher mit augenscheinlicher Erfahrung. Alles ist für das Anlegen vorbereitet, nur ist er für meine Begriffe etwas zu schnell. Und richtig – kurz vor dem Steg Vollgas nach vorne zum Aufstoppen, sonst wäre er mit Schmackes an den Steg gedonnert. Jetzt ist er natürlich wieder viel zu weit vom Steg weg und keiner kann die Muringleine fassen, keiner eine Leine übergeben. Lautstark macht der Skipper seine Mitsegler rund. Und das vor allen Leuten in der näheren Umgebung. Schließlich kommt er doch irgendwie da rein und sie machen fest. Kein Landstrom gelegt, kein Bimini aufgeklappt bei 33 Grad, um Schatten zu erzeugen, aber schon hat jeder ein Bier in der Hand und es wird in einer unheimlichen Lautstärke diskutiert, wer das Manöver wohl eben gerade verbockt hat.

Man muss jetzt noch dazusagen, dass in Porto Azzurro die Marineros, also die Mitarbeiter der Marina, erstens sehr hilfsbereit sind und zweitens ihren Job verstehen. Also an denen liegt es bestimmt nicht, wenn was schief geht. Die Jungs, die da arbeiten, kenne ich alle schon viele Jahre. Die sind topfit.

Die Saison 2018 ist zwar noch lange nicht zu Ende, aber es kommt die letzte Etappe unseres großen Abenteuers.

Heute geht es von Porto Azzurro nach Portoferraio. Ankommen in meinem zweiten Zuhause. Alles vertraut, die Bars alle noch da. Die Marineros kenn ich und auch die Dame im Office. Heute Abend geht´s nochmal lecker essen. Morgen fliege ich nach Hause. Ich muss früh los. Fähre, Bus, Zug, Flieger. Der Zeitplan ist eng und ich habe keine Zeit mehr irgendwelche Freunde zu besuchen oder gar einen Drink mit jemandem zu nehmen. Außer mit Jochen. Der ist nachmittags auch immer in der Bar „Il Baretto".

Die Insel Elba ist mir ans Herz gewachsen, schon sehr lange. Ich bin seit 2001 fast jedes Jahr hier, manchmal zwei- oder dreimal im Jahr und schon oft mit Kunden oder mit Freunden um die Insel gesegelt. Eigentlich brauche ich hier keine Seekarte und keine Navigation mehr. Meistens fährt man auf Sicht und die Untiefen und kleinen Felsen kenne ich alle schon mit Namen. Alle Besonderheiten der Häfen und der dort arbeitenden Menschen sind mir vertraut. Auf dem Monte Capanne, dem höchsten Berg Elbas war ich schon ein paar Mal und fast jeden Freitagabend geht´s nach Capoliveri, diesem einmaligen Bergdorf mit seinen

Katakomben und den engen Gässchen. Immer wieder schön, was die Menschen die hier leben auf die Beine stellen. Livemusik, Tanz, Konzerte, Ausstellungen und sonstige Aktionen. Ich liebe „meine" Insel. Und Barbara liebt sie mittlerweile auch. Sogar so sehr, dass wir beide schon mal in Erwägung gezogen haben, hier eine Zeitlang zu verbringen. Die Insel Elba ist so vielfältig, dass man noch Jahre braucht, um alles genau zu erkunden. Ich werde dran arbeiten.

So, aber morgen geht´s erst mal nach Hause. Nach Iwwero. Und wir haben ´ne Einladung für morgen Abend. Bei Michi und Pit. Das sind Freunde von uns aus Reinheim. Pit lädt jährlich zu einem großen Paella-Essen ein. Und ich muss sagen, die Paella, die er und seine Freunde zaubern, ist schon der Kracher.

Aber Pit – eigentlich wäre mir ein Kochkäseschnitzel und ein deutsches Pils viel lieber... bitte nicht böse sein. Aber Paella und das ganze mediterrane Gedöns hängt mir gerade zum Halse heraus. Ich brauch ´ne Pause davon.

Rund 2900 Seemeilen liegen nun im Kielwasser der BEFANA. Wir sind pünktlich auf Elba angekommen. Alles ist weitestgehend noch ganz auf dem Schiff und keine sonstigen Verluste. Keiner ist über Bord gegangen, außer ich selbst beim Dinghi Ausflug auf Korsika. Keine nennenswerten Verletzungen mit Ausnahme meiner Zehen. Der eine halt mal wieder gebrochen, der andere mit gespaltenem Fußnagel. Aber doch - da war ja die gebrochene Rippe von Holger. Der Arme. Aber er hat sich zwischenzeitlich wieder erholt, wie ich gehört habe.

BEFANA ist ein wirklich zuverlässiges Schiff für die kommenden Reisen. Ich bin unendlich stolz auf mein Schätzchen. Was war ich am Anfang skeptisch eine Bavaria zu kaufen. Nach diesem Törn allerdings würde ich mir kein anderes Schiff mehr wünschen. Wenn ich nur an die vergammelten und verwohnten Charterschiffe denke. Schlecht gewartet und mit vielen verdeckten Mängeln. Außer bei den Buechis hier auf Elba. Deren Schiffe sind zwar auch stark frequentiert und deshalb auch teilweise abgewohnt, aber Caro und Patrice Junior verstehen ihr Handwerk und sind mit Leidenschaft bei der Sache. Alle deren Schiffe sind immer auf einem technisch hohen Niveau in Ordnung. Einer der wenigen Vercharterer, die man bedingungslos empfehlen kann.

Herbst auf Elba

Logbuch 15.09.2018, 12:57   Wieder auf der Insel
Jetzt bin ich zurück auf der BEFANA. Alles im Lot. Das Schiff schwimmt noch, innen und außen alles okay. Keiner hat uns ´ne Schramme reingefahren. Nur die Kartoffeln vom letzten Törn hatte ich an Bord vergessen. Hab gar nicht gewusst wie sowas riechen kann, wenn es vergammelt ist. Gott sei Dank waren die in einer Plastikschüssel gelagert. Die konnte ich auswaschen und desinfizieren. Ich muss beim nächsten Mal besser nachschauen, damit ich keine Lebensmittel mehr an Bord vergesse.

Tja sonst ist alles okay. Ich bin auf meiner Insel angekommen. Alle bekannten Gesichter sind noch da. Es hat sich eigentlich nicht viel verändert. Das eine oder andere Restaurant hat wohl den Besitzer gewechselt. Und schaut man abends an der Promenade entlang, ist der eine Laden brechend voll, in dem anderen wiederum ist nix los. Ob das womöglich an den Preisen oder der Qualität liegt, kann man schlecht ausmachen. Gehe ich halt dahin, wo was los ist, denn das hat sich in der Vergangenheit immer bewährt.

Gestern Abend hatte ich ´nen Termin mit Stefan, der sich im Winter und im kommenden Jahr etwas um die BEFANA kümmern soll. Sehr netter Kontakt. Stefan lebt schon lange hier auf der Insel und hat sich mit seinem Unternehmen hier etabliert. Von ihm hab ich auch wieder ein paar Neuigkeiten erfahren, was sich so auf Elba getan hat in den letzten Monaten. Eine der großen Segelschulen wird wohl ihre Zelte hier auf Elba abbrechen. Das wäre jetzt so ´ne Chance sich her niederzulassen, doch die Reise der BEFANA geht nächstes Jahr weiter Richtung Griechenland. Das ist beschlossene Sache. Aber man kann ja mal drüber nachdenken, was übernächstes Jahr so ist. Hier auf Elba dauerhaft zu leben wäre schon eine Option. Seit Jahren träume ich davon und jetzt würde sich ´ne Chance auftun. Da muss ich mir doch echt jetzt mal ´nen Kopf drüber machen.

Aber das Leben hier auf der Insel ist schon recht teuer. Auch die Liegegebühren fressen einen auf. Das ist nix für uns. Was ich von meinem Freund Micha gehört habe, zahlt der in Griechenland gerade mal 15-20 Prozent von dem, was hier so aufgerufen wird. Na das können wir uns sparen. Und Griechenland ist schließlich auch reizvoll. Herrliche Buchten und Häfen, schöne Ankerplätze und gutes Essen. Was ich von den letzten Griechentörns nur bestätigen kann.

Heute war hier im Stadthafen ein bisschen Action angesagt. Der Nachbar vom Motorboot springt von seiner Yacht auf die Kaimauer und tritt auf die große Kette, die dort zum Festmachen liegt. Knickt um und liegt wie ein Maikäfer auf dem Rücken, mitten auf der Beton-Pier. Er autscht und wird sofort ziemlich blass um die Nase. Schnell sind ein paar Leute da, um ihm zu helfen. Was ich verstehe ist, dass es wohl „knacks" gemacht hat. Einer der Helfer holt Eis in der Bar, ich bring ihm ein Kissen für unter seinen Kopf und ein anderer hält ihn in Schockstellung. Dann isser weg... ohnmächtig. Ein Bekannter tätschelt ihm die Wangen und ruft seinen Namen, aber er reagiert nicht. 5 Minuten später sind die Polizei da und der Notarztwagen mit zwei Sanitätern und 'nem Notarzt. Auf der engen Promenade führt die Situation natürlich prompt zu einem Verkehrsstau.

Nach einigen Minuten der Bewusstlosigkeit ist der Patient wieder bei sich, bekommt den Fuß abgetastet, den Blutdruck gemessen und wird wohl gefragt, wo es denn weh tut. Nix tut ihm mehr weh und dann steht er plötzlich wieder auf den Beinen. Das erinnert mich doch sehr an den italienischen Fußball. Na ja. Die nehmen ihn jetzt wohl doch erst mal mit in die Klinik, um den Fuß zu röntgen. Man weiß ja nie. Vielleicht ist doch was kaputt gegangen. „knacks"

Die nächsten paar Tage bin ich hier alleine in Portoferraio. Da kann ich mich mal um ein paar Kleinigkeiten kümmern, die an der BEFANA zu reparieren sind. Der neue Trans-Ocean-Wimpel weht nun auch wieder unter der Backbordsaling. Das Schiff ist komplett geputzt. Innen und außen alles wieder picobello.

Die Schalteinheit des Wendegetriebes hab ich heute Mittag auch komplett zerlegt. Alles schön mit Neoval eingesprüht und wieder zusammengebaut. Unten im Motorraum, am Getriebeeingang, hab ich die Messingunterlegscheibe wieder montiert, die Gregor mal ausgebaut hat und auch dort habe ich alles mit Neoval gangbar gemacht. Das Getriebe schaltet sich jetzt wieder wie Butter. Dann können die SKS-Bewerber, die jetzt kommen, mit viel Gefühl zwischen den Gängen hin und her schalten, ohne dass es jedes Mal ruckelt.

So, für heute mache ich Feierabend! Jetzt geh´ ich erstmal ein Bierchen trinken. Hab´s ja nicht weit. Runter von der BEFANA, 6 Meter über die Straße und schon bin ich in der Bar „Il Baretto". Der Zebrastreifen, der über die Promenadenstraße führt, direkt hinter meinem Schiff. Bessere Liegeplätze gibt´s echt nur auf Korfu. Da ist nämlich nicht mal mehr eine Straße zwischen dem Schiff und dem Restaurant.

Logbuch 06.10.2018, 15:31   Elba die letzten Tage...
Das Segeljahr geht dem Ende entgegen. Auch wenn immer alle denken, ich würde hier Urlaub machen. Das ist nicht so. Für mich war es ein anstrengendes Jahr. Auch wenn fast alles so geklappt hat, wie ich mir das vorgestellt habe.

Seit März bin ich nun mit wenigen Ausnahmen auf der BEFANA. Und ich muss sagen, ich hab wieder mal viel dazu gelernt. Schiffstechnik sowieso. BEFANA hat ein eigenes Leben sozusagen. Ich hab Kabel gesucht. Vom

Vorschiff bis hinter die Achterkabinen. Schalter eingebaut, repariert, Schrauben festgezogen, bewegliche Teile abgeschmiert, Edelmetalle poliert, GFK gespachtelt. Meerwasser ist schon ziemlich aggressiv.

Nicht zu vergessen das Antifouling das wir noch in Holland mühsam abgekratzt und abgeschliffen haben. Schinderei bei Kälte im März. Und dann das neue „umweltverträgliche, hollandtaugliche" Antifouling. 240 Euro der kleine Eimer.

Nicht mal ein halbes Jahr gesegelt und der Kutter sieht untern rum aus wie ´ne Muschelzucht. Nächstes Jahr gibt es das „gute" Antifouling. Versprochen.

Das Bugstrahlruder macht schlapp, besser gesagt die Akkus. Heult nur noch mühsam vor sich hin und hat keine Power mehr. Da muss ich nächstes Jahr mal dran.

Und ´nen Kratzer hab ich reingefahren, ich selbst. Blödmann, kannst du denn nicht aufpassen? Na ja, der alte Schriftzug muss sowieso nächstes Jahr beseitigt werden und da können wir den Kratzer ja auch mit ausbessern. Gott sei Dank wird es uns nicht langweilig. Ich denke ab Mitte April 2019 nehme ich mir die Hexe mal vor.

Im Großen und Ganzen hat jedoch alles ganz gut geklappt. Wir haben alle Termine eingehalten. Immer zur richtigen Zeit am richtigen Ort, auch wenn wir die eine oder andere Etappe nur mit Maschine gefahren sind. Irgendwo hab ich mal gelesen: Wenn man öfter segeln geht im Jahr, gibt's auch manchmal den passenden Wind. Stimmt.

Seit ein paar Wochen bin ich nun auf Elba. Schon interessant, wen man im Laufe der Jahre so alles kennen lernt. Und die Leute hier kennen mich auch. Na also. Jetzt kennen sie auch noch die BEFANA. Ein rotes Schiff fällt eben auf. Der Schiffsname, die Hexe, der Heimathafen und die Flagge waren im Stadthafen von Portoferraio DER Hingucker, obwohl hier auch viele deutsche Schiffe liegen. Aber immer mehr deutsche Segler flaggen wohl Ihre Schiffe um. Jochen mit der SUNDOWNER hat mittlerweile 'ne holländische Flagge und ist auch dort registriert. Was das wohl für einen Grund hat? Ich vermute mal stark, dass da die eine oder andere deutsche Behörde ihre Finger im Spiel hat. Diese Erfahrung mussten wir leider auch machen. Aber bis jetzt hab ich die deutsche Flagge noch drauf. Mal sehen wie lange noch. Vorschreiben lasse ich mir jedenfalls nichts.

Es ist irgendwie schön, hier auf Elba zu sein. Das Essen, die Leute, die Landschaft… aber jetzt freue ich mich auf den Herbst und den Winter in Iwwero. Wird mal wieder Zeit für richtig gutes Bauernbrot, Lewwerworscht, Brotworscht, Sauerkraut, Knödel, Enten und Gänse aus unserem Steinbackofen…. Mann, hab ich einen Hunger.

Nach den letzten drei Törns, mit den drei SKS Ausbildungen hier auf Elba, kann ich jetzt endlich nochmal zweieinhalb Wochen ausspannen. Keine Halsen, keine Q-Wenden, keine MOB-Manöver, keine An- und Ableger, keine Kreise, nur raus aus der Bucht von Portoferraio und die BEFANA laufen lassen.

Logbuch 13.10.2019 09.04 Uhr   noch 2 Wochen
Heute kommen Marius, der älteste Sohn von Barbara und Michael, sein Vater, an Bord. Auf die beiden freue ich mich jetzt, denn die beiden wissen auch gutes Essen zu schätzen. Marius ist das erste Mal auf einer Segelyacht und ich bin mal gespannt, wie er das wegsteckt. Hoffentlich wird ihm nicht schlecht. Das wäre echt schade. Gegen 17.30 Uhr kommen sie mit der Fähre in Portoferraio an. Einen bewachten Parkplatz hab´ ich organisiert. Sie können ihr Auto in der Esaom Werft parken.

Heute Abend fahren wir in das Bergdorf Capoliveri. Dort ist angeblich Weinfest. Und tatsächlich tobt da oben wieder mal der Mob. Leider ist heute der letzte Tag und alle sind schon ziemlich satt von der Feierei. Außerdem haben viele der schönen Geschäfte geschlossen. Schade, dass die beiden das nicht erleben, wenn die Katakomben geöffnet sind. Dennoch bleibt ein besonderer Eindruck von diesem Dorf.

Sonntag unternehmen wir zu dritt einen Ausflug mit dem Auto zum Monte Capanne. Ich setze die beiden an der Talstation der Seilbahn ab und gehe in der Zwischenzeit in Marciana Alto einen Kaffee trinken. Die zwei fahren mit der Cabinovia, einer Seilbahn mit Stehkabinen für jeweils 2 Personen, auf den Gipfel und werden mit einem herrlichen Rundumblick belohnt. Es ist zwar heute etwas diesig, aber man kann nach allen Seiten das Meer sehen. Nur der Blick auf die Nachbarinsel Korsika bleibt ihnen verwehrt. Abends dann wollen wir nicht kochen, wir gehen ins Rifrullo was essen. Das ist meine Lieblings-Pizzeria dort auf Elba. Netter Service, Top Steinofenpizza und einen Holzkohlegrill, auf dem Fisch und Fleisch zubereitet wird. Vom Feinsten.

Montag laufen wir aus. Es geht heute mal gegen den Uhrzeigersinn um die Insel. Das hatte ich auch noch nicht. Sonst segle ich meistens erst nach Marciana oder gleich nach Capraia. Diesmal nicht. Porto Azzurro heißt das Tagesziel. Und als wir um die Ecke bei Cavo sind, fängt Marius auch schon an blass zu werden. Der Arme. Hat er doch ein bisschen was von seiner Mutter geerbt.

Na ja, wie das bei Barbara auch ist, schmeckt ihm abends das Essen schon wieder. Dann war es auch nicht so schlimm. Am nächsten Tag ankern wir in der Bucht von Marina di Campo. Schön, wenn man nicht gehetzt ist und sich die kurzen Distanzen ganz auf das Segeln konzentrieren kann. Wir lassen unser Dinghi ins Wasser und tuckern mal in den Ort. Marina di Campo hat einen sehr schönen Ortskern mit diversen Geschäften und Kneipen. Das lohnt sich auf jeden Fall, auch wenn der Hafen an sich, aufgrund seiner schlechten Liegeplätze, 'ne Katastrophe ist.

Nächsten Morgen mit dem Dinghi noch Brötchen holen, ein bisschen was einkaufen und dann segeln wir gemütlich um die Ecke in die Bucht von Fetovaia. Das ist eine der schönsten Badebuchten auf Elba. Traumhaftes Wasser und ein kleiner Sandstrand am Ende der Bucht. Jetzt, im Oktober, ist dort nicht mehr viel los. Auch wenn die Temperaturen noch im angenehmen Bereich liegen. Marius und Michael versuchen ihr Glück mit der Angel, aber die Fische haben keine Lust mitzuspielen. Somit müssen wir halt was anderes kochen heute Abend. Der Sonnenuntergang ist wieder mal ein Traum und wir sitzen bis spät abends im Cockpit der BEFANA und schauen in die Natur. Nur wenige Boote sind in der Bucht. Das kenne ich von Fetovaia auch anders.

Das Wetter wird jetzt, Ende Oktober, langsam etwas unbeständiger und am vorletzten Tag, von Marciana Marina zurück nach Portoferraio, werden wir tatsächlich nass. Es regnet wie aus Eimern, als wir kurz vor der großen Bucht sind. Die Fähren, die dort rein und raus fahren, können wir bei dem starken Regen fast nicht sehen. Also hangeln wir uns lieber am Felsen unterhalb der Festung entlang, bis wir an der Marina und am Fährterminal vorbei sind. Sicher ist sicher.

Das war eine super entspannte Woche mit den beiden, die leider am Samstag wieder abreisen. Am selben Tag, jedoch spät abends, kommt meine Süße zu mir auf die BEFANA. Reist mit dem Flieger über Pisa an, dann mit dem Zug nach Piombino und von dort mit der Fähre zu mir auf die Insel. Gegen 22.30 Uhr ist sie da und ich hole sie mit dem Auto von der Fähre ab.

Urlaubstörns mit Freunden haben ein gewisses Etwas. Das ist schon ganz anders, als wenn man einen Auftrag hat und zu einem bestimmten Termin an einem bestimmten Ort sein muss. Aber mit Barbara alleine, nur wir beide, das ist das Größte. Im Prinzip gehen wir einkaufen wie daheim, kochen wie daheim und leben auf der BEFANA unser Leben. Schade, dass mein Schatz nur so wenig Urlaub hat. Ich könnt mich dran gewöhnen. Ein tolles Gefühl, wenn einem alles vertraut ist und man sich heimisch fühlt. Die BEFANA ist unser zweites Zu Hause geworden.

Wir machen uns eine schöne Woche und am Ende müssen wir doch wieder was arbeiten. Wir haben einen Winterliegeplatz in Porto Azzurro organisiert. Für relativ kleines Geld kann die BEFANA dort im Hafen liegen. Jedoch die Wege sind ziemlich weit vom Steg bis zum Parkplatz. Also haben wir entschieden die Segel schon in Marciana Marina runter zu holen. Dort liegen wir längsseits an der Kaimauer und man kann die Segel, ohne dass sie ins Wasser fallen und nass werden, direkt auf die Mole ziehen. Das erweist sich als sehr praktisch, weil wir sie dort auch gleichzeitig gut zusammenlegen können. Platz genug ist da. Die Fallen werden am Mastfuß gesichert und die Segel kommen in eine Achterkabine.

Am nächsten Tag fahren wir unter Maschine in die Esaom Marina, wo unser Auto steht. Packen ist angesagt. Alles was verderblich ist, alles was keine Feuchtigkeit verträgt, wird eingepackt und kommt in meinen Mercedes. Sämtliche Betten werden abgezogen und Klamotten verstaut. Das Auto ist randvoll mit Wäsche und Lebensmitteln.

Wir bringen die BEFANA noch auf die Ostseite von Elba, in ihr Winterquartier nach Porto Azzurro und dort wird der Rest noch verräumt. Das Auto holen wir am Montag, indem wir mit dem Insel-Bus zurück nach Portoferraio fahren.

Am Dienstag packen wir den Rest zusammen, der Strom wird abgestellt, die Tanks weitestgehend geleert und die BEFANA winterfest gemacht. Frost gibt es hier auf Elba so gut wie nie, also brauchen wir auch das Kühlwasser von Jöns nicht abzulassen. Alles wird abgeschlossen und die Luken nochmal überprüft.

Ein komisches Gefühl bleibt dennoch, wenn man sein eigenes Heim alleine lässt und es mindestens ein halbes Jahr nicht mehr zu sehen bekommt.

So weit so gut. Jetzt kann ich mich die nächsten Tage erst mal mit anderen Projekten beschäftigen. Kleinere Reparaturen zu Hause liegen noch an. Die Gartenplanung für nächstes Jahr, Freunde treffen und hin und wieder meinen Blog schreiben.

Logbuch 30.10.2018, 17:20   Crash...

Seit Mittwoch letzter Woche sind wir zu Hause. Die BEFANA in Porto Azzurro besten Wissens festgemacht. Doppelte Muringleinen am Bug, doppelte Festmacher beidseitig am Heck. Die dicken 22er Festmacher zusätzlich mit Ruckdämpfern versehen. Abstand zum Steg 1 Meter und den dicken Heckfender von 60 cm Durchmesser als zusätzlichen Puffer hinten doppelt festgebunden. Das scheint mir Sicherheit genug. Schließlich guckt der Hafenmeister ab und zu und Stefan, ein Deutscher auf Elba lebend, betreut unsere Hexe über den Winter. Was soll da passieren?

Am Sonntag bekomme ich über die Katwarn App ´ne Unwetterwarnung für Porto Azzurro und gestern früh von Wetteronline ebenfalls. Ich schau mal in die Webcam vom Hafen. Da kann ich zwar unser Schiff nicht sehen, aber die Boote, die an der Südmole liegen. Ich guck da rein und mich trifft fast der Schlag. Die Boote an der Molenmauer fahren Aufzug. Nen Meter rauf und runter. Welle im Hafen wie die Hölle und Sturm mit mindestens 50 kn in Böen.

Ich glaub ich ruf mal Stefan an. Zuverlässig wie er ist, fährt er zur Marina und kontrolliert die BEFANA. Die Rückmeldung: *„Es wackelt zwar alles, aber dein Boot ist gut festgemacht"*. Da bin ich ja beruhigt.

Heute am Montag kommen Fotos von Stefan und der Kommentar: *„gestern Nacht hat's wohl doch gekracht..."* *„Schei..."*, denk ich. Es hat uns erwischt. Die BEFANA hat ein paar ordentliche Schläge weg bekommen. Der Heckspiegel sieht aus, als hätte uns ein großes Schiff von hinten gerammt. Die Gummischutzleiste kaputt und ab, das Laminat am Heck gesplittert, der Auspuff von der Webasto ist weggeflogen, das Teakholz von der Steuerbord Süllkante gebrochen, der Deckel vom Wassertank herausgesprengt und es hat die Badeleiter mindesten 15 cm nach innen gedrückt. Hoffentlich hat die den Rumpf nicht durchschlagen. Die Heckleinen sind glatt abgerissen (die Bruchlast jeder einzelnen Leine liegt um die 7 Tonnen) Und der Heckfender? Weg! Geplatzt oder so... Na toll. Schaden, was ich auf den Bildern sehen kann, grob geschätzt zwischen 5000 und 7000 Euro, ohne das, was noch auftaucht. Wer weiß was innen los ist. Stefan will morgen mal nachschauen. Kann heute wegen der heftigen Wellen im Hafenbecken vom Steg aus nicht auf das Schiff. Kacke, alte, verdammte...

Was haben wir uns die letzten 3 Tage auf Elba so viel Mühe gegeben, das Schiff wieder auf Vordermann zu bringen. Und jetzt das.

Aber verglichen mit den Schäden, die sonst so auf Elba passiert sind, ist unser Schaden dann doch noch harmlos.
In Portoferraio sind wohl mehrere Schiffe im Hafen gesunken, andere wiederum teils schwer beschädigt

worden. In Proccio sind 4 Stück auf Grund getrieben und ganz zu schweigen von der Region Genua in Ligurien. Da hat´s einen kompletten Hafen mit 390 Yachten zerlegt. Der italienische Wetterdienst sprach von Wellen zwischen 8 und 10 Meter Höhe, die auf die Küste geprallt sind.

Und die Sturmböen, die Sonntagnacht in Porto Azzurro gemessen wurden, sind mit bis zu 70 Knoten dokumentiert. Das sind 130 Stundenkilometer. Respekt. Da haben wir ja nochmal Glück im Unglück gehabt.

Ich bin froh, dass ich auf Elba mit Stefan eine kompetente Person getroffen habe, die sich jetzt um unseren Patienten kümmert. Hoffentlich macht unser Schätzchen kein Wasser. Das wäre fatal. Die Löcher müssen erst mal zu. Dann sehen wir weiter. Die Yachtversicherung hab ich informiert. Hörte sich am Telefon recht unkompliziert an. Mal schauen wie die Realität aussieht. Gehört hab ich nur Gutes von denen.

Morgen soll´s nochmal stürmisch werden, aber Gott sei Dank nicht so schlimm wie gestern Nacht. Bin gespannt.

Epilog

Am Anfang des vergangenen Jahres hätte ich mir nie träumen lassen, dass diese Reise von Holland ins Mittelmeer irgendwann einmal Realität wird.

Viele Weltumsegelungen fangen auf dieser Route an, doch gehen die Schiffe dann nicht über Gibraltar ins Mittelmeer, sondern weiter zu den Kanaren, den Kap Verden und dann über den großen Atlantik in die Karibik.

Auch wir beide, damit meine ich BEFANA und mich, werden irgendwann wieder im Atlantik segeln. Da bin ich mir ziemlich sicher.

Aber im Moment nehmen wir uns erst einmal das Mittelmeer vor. Hier gibt es so unendlich viel zu entdecken und zu erleben. Und die unzähligen Buchten, mit ihrem türkisfarbenen Wasser, ihren Sandstränden auf den Landseiten, brauchen sich in keinster Weise hinter denen in der Karibik zu verstecken.

In den vielen Jahren, die ich hier schon gesegelt bin, hatte ich tolle Erlebnisse. Menschen aus allen gesellschaftlichen Schichten und Kulturen habe ich getroffen, traumhafte Landschaften gesehen und Wetter in jeglicher extremen Form erlebt.

Unerträgliche Hitze, Kälte im Juni, Stürme, Flauten, Sturzregen, Gewitter und sogar einen Tornado 2006 westlich von Korsika. Ich kenne die Bora und den Mistral, den Schirokko und den Meltemi. Alle diese Stürme sind nur halb so gefährlich, wie sie in den Medien dargestellt werden, wenn man sich an deren Regeln und an eine gute solide Seemannschaft hält.

Meine Routenplanung für das kommende Jahr steht fest. Elba, italienisches Festland mit Rom, Neapel und der Amalfiküste. Kalabrien, Sizilien, die Äolischen Inseln und zum Schluss ins Ionische Meer und die Süd-Adria. Endstation und Winterquartier für die BEFANA wird voraussichtlich der Golf von Actium bei Preveza sein. Aber da schauen wir mal, was auf uns zukommt.

Die BEFANA wird über die Wintermonate wieder repariert. Der Lack an den Seiten wird ausgebessert und neues Antifouling aufgetragen. Dann kommt das Schätzchen wieder zurück ins Wasser. Das wird so gegen Ende März sein.

Ab Mai geht die Reise der BEFANA weiter. Auf zu neuen Abenteuern, mit alten und neuen Freunden. Ich freue mich schon sehr.

Skipper Micha

Quellennachweis:

Bilder auf den Seiten
  98 unten links   © Segelyacht FREEDOM
  99 unten   © Sven Wolthoff
  111 oben kleines Bild   © Navionics APP
  112 unten   © Simone Mayer
  180 unten links   © Anna Schlobach
  182 oben re/li   © Anna Schlobach
  184 unten rechts   © Windy APP
  5 Kartenausschnitte   © www.d-maps.com

Sämtliche technischen, geografischen und geschichtlichen Angaben über Leuchttürme, Orte, Personen, Inseln und Berge stammen aus eigenen Recherchen im Internet von Wikipedia. Für deren Korrektheit übernehme ich keinerlei Verantwortung.

Alle weiteren Rechte an den abgedruckten Bildern und Texten, auch mit abgebildeten oder erwähnten Personen, liegen ausschließlich beim Autor.

Vervielfältigung, Veröffentlichung und Weitergabe an Dritte, auch auszugsweise, sind untersagt und bedürfen der vorherigen schriftlichen Genehmigung des Autors.